ヴァンナチュール
自然ワインが飲める店 51

勝山晋作

Le Guide du Vin Naturel
Shinsaku Katsuyama

Little More

不自然は
自然には勝てないのである。

夏目漱石 「断片」(大正4年)

クロード・クルトワ様へ

　近頃、あなたとあなたの息子たちが造るワインを手に入れるのは難しくなりました。そう、こんな日がやってきたのです。あなたのワインの虜になっている人がたくさんいるということです。昔と違って。

　90年代半ば、あなたのワインがはじめて日本に届いた。他の、例えばあなたと同じロワール地方のワインとくらべても、あまりに違って、まったく別次元の趣を備えていた。世間の理解を遥かに超えていた。

　抜栓すると色がすぐ濃く変化する。色だけではなく、香り、味わいに独特の危うさが秘められている。ネガティブに評価されることもあった。でも、私は勝手に確信した。時が危うさを見事に解決へと誘ってくれる。

　自然のエネルギーの塊であるブドウから造られた液体が、ひとたび眠りから覚めたとき、エロスが訪れる。そんな衝撃はあなたのワインからしか得られなかった。

　2000年に私はあなたの王国を訪ねた。独特の空気にたちまちやられてしまいました。明らかに他の造り手とは違う。あなたは、自然と対話しながら生きていく活力に満ち溢れていました。大きな体躯に髭、後ろで束ねた髪、まったく妥協を許さない言動、それとうらはらな細やかな心配り、野性の中に見え隠れする繊細さ……。あなたを支える奥様や息子たちの表情にも強く魅かれた。2014年2月。あなたが初めて奥様を伴って来日し、久しぶりにお会いしたときも、あなたのエネルギーとオーラは衰えず、嬉しくなってしまいました。

　あなたのワインから受けた衝撃以来、それを追い求める私のワインの旅はずっと続いています。でもわかったんです、あなたのワインのようなワインは他にはないってことが。あの衝撃はクロード・クルトワ自身が発しているものだったんだって、わかったんです。あなたがどんな品種でどんなふうにワインを造ったか、データを知って、それに似たワインを求めても無駄だった。結局、私はクロード・クルトワという人間を飲んで味わい、感銘を受けた。あなたのように強く、大きく、愛に溢れるワインの造り手に会いたくて、私の旅は続くのです。

　　　　　　　　　　　　　　　　　　　　　　　　　勝山晋作より

ブドウ畑、
35羽のガチョウ、
80羽のヒヨコ、
犬、ロバ、羊、
もうすぐブタも飼う。
私のところはまったく独立した
農園になる。

Claude Courtois

クロード・クルトワ

　2000年、ロワール地方の造り手クロード・クルトワを訪ねた。20haの農園に入ると、平屋建ての家が見える。板をつぎはぎしたような家だ。周りには、廃材がころがっている。一目でクロードが手造りしたとわかる。クロードにとっての、「シャトー」がそこに建っていた。クロードは、母屋の横に立てられた、白いテントの中で待っていた。テントとはいっても、四隅のポールの上に屋根を載せただけ、下には木のテーブルと椅子がある。

　容貌魁偉である。しかし鋭い眼光が、時折哀しみの色を帯びる。頑固なまでにワインを造ってきた人間の矜持が、瞳の底に広がっている。

　「わが家はもともと、ブルゴーニュで桶買いの会社をやっていたんだよ。よそのワインを樽ごと買ってきて、自分のところのワインとブレンドするような仕事だが、私がブドウ畑の真ん中で育ったことは間違いない。14歳になる前には学校へは行かなくなっていて、父親の仕事を見よう見まねで覚えていた。ところが父親が若くして死んで、母親から追い出されることになってね。おまえなんかいらないって言われて。私はすでに結婚していたが、妻はまだ若かったし、長男は3歳、次男は生まれたばかりだった。リュックを背負って、南へ、プロヴァンスへ行ったんだ」

　クロードは、からだもでかい。よく響くバリトンの声でゆっくりしゃべる。わかる人にきくと、正統でインテリジェンス溢れる言葉遣いだそう。

　「90年代初頭、ロワールに来る前の15年はヴァール（プロ

Claude Courtois

ヴァンス）でワインを造っていたんだ。最高のヴァン・ド・ターブル（テーブルワイン）を造ったよ。うまくいっていた。しかし火事を出してすべてを失くしてしまった」

クロードは一本の杭を持って、ブドウ畑の一角に立ち、これを畑の周りに打ち込んで、独立国を作るのだと本気で言う。まったく誰からも干渉されることなくワイン造りをしたいという強い意志と、怒りがそこにあった。

「私はもっと自由にワインを造りたいだけなんだ。息子たちには、私の苦労は二度とさせたくない」

私が訪れた頃、クロードは周りの生産者達とあまりに違うやり方でワイン造りを行っていたため、国の原産地呼称を管理する委員会（イナオ、INAO = Institut National de l'origine et de la qualité）と激しい闘いの真っ最中だった。INAOが非常に細かいところまで、口を挟むと言って、辟易していることがみてとれた。

現在も、このような状況は、大幅には変わっていない。ただ、今はクロードのような考え方の造り手がたくさん増えてきたことと、応援してくれるファンが激増したことが、大きな助けになっている。それもこれも、ヴァンナチュール草創期にクロード達ががんばったからこそなのだが。とりわけクロードは、いちばんエネルギッシュで、溢れるパワーを周囲に放っていた。

Claude Courtois

クロード・クルトワが造るワインは、白も赤も酸化防止剤（SO2＝二酸化硫黄）を使っていなかった。当時としてはありえないことだ。SO2は、酸化などのリスクを回避するために役立つ魔法の物質と考えられていたからだ。
「私が二酸化硫黄を使わないのは、私自身にアレルギーがあるからなんだ。SO2が入っているワインを飲むと、体に斑点ができる。このことが、私の今のワイン造りの原点になっていると思う」
　非常にわかりやすい。
　SO2を使うことによって、有害な菌の繁殖や酸化を人間がコントロールできるが、クロードはコントロールを好まない。何も入れない。いわゆる、ゼロゼロ。妥協は微塵もなく、ひたすら自然にゆだねる。「自然との共生の中で、ワインは造られるものなんだ」と確信をもって言う。
　この自然体といえるワイン造りから生まれるワインには、危険な香りが充満している。醸造学的には認められないかもしれないけれど、しかし、あるとき、理論なんかどうでもいいと思わせるくらい、突然にその液体は豹変し、官能の渦を巻き起こす。2001年の「ラシーヌ」という銘柄はものすごかった。2003年、雹に苦しめられた年の「ゼウスの怒り」にもたまげた。そうかと思えば、ボージョレ・ヌーヴォで有名なブドウ品種、ガメイで造った「ナカラ」というワインがある。「おいおい、クロードがこんなワインを？」と思わず叫んだほど、チャーミングでお茶目なワインだった。
　ブドウの収穫量を一般の3分の1から半分に抑え、農薬や酸化防止剤を一切使わず、自生酵母でワインを造るというクロードのやり方は、丸腰で戦場にいくようなもので、周りか

 Claude Courtois

らは、変人以外の何者でもないという扱われようだった。収穫量が低いから、経済的にも厳しいかと思う。しかし、そうして作られたブドウのひと粒がもつ力は極めて大きい。自然のエネルギーのかたまりだ。熟成し、素晴らしい変化を遂げたクロードのワインに一度遭遇すると、また飲みたくなる衝動にかられる。官能にからめとられ、底なし沼に堕ちる。

　クロードを訪ねたときには息子たちはまだ小学生で、学校を休んで親父を手伝っていた。現在、次男のジュリアンは自分名義のワインを造り始めて何年か経ち、3男のエティエンヌはクロードの後を継ぎ、すでに彼が造ったワインも日本で飲めるようになっている。土地やスタイルが共通することもあって、息子たちとクロードのワインは似ているところがある。クロードは「もう子供達に教えることは何もないよ」と言っていた。あの頃、クロードが闘いぬいたやり方は、今に生きている。家族だけではない。若い造り手のグループが、クロードの背中を追いかける。熱烈なファンが、新たなリリースを、胸をときめかせて待っている。

　それにしても、クロードも、息子たちも、最近では、ワインはきれいにまとまっていて、少しだけ、危険な香りが薄らいだような気がする。設備が新しくなり、90年代の過酷な環境とは違うのだから、当然かもしれない。でも、最近来日したクロードの力強いオーラは相変わらずだった。

　私は、息子達が受け継いだであろう、あの起爆の気配を秘めた危険な香りの片鱗を、いつか嗅いでみたいのだよ。

Claude Courtois

1991年、
マルク・アンジェリの
トラクターは壊れてしまった。
以後、耕作は馬。
トラクターを
買うつもりはない。

Mark Angeli

マルク・アンジェリ

　フランスのワイン（やチーズ、バターなど）は、前出のINAOにより品質管理されている（ヨーロッパ各国にこのような制度がある）。INAOは、ブドウの品種や醸造方法、最終的な品質評価などが、特定の条件を満たしたワインにのみ、原産地の名を使った呼称（AOC, Appellation d'Origine Contrôlée 原産地統制呼称）を認める。つまり、AOCを名乗るには、INAOが定めた品種のブドウを使い、一定の方法で、決まった色のワインを作らなければならない。

　さて、ロワール地方のアンジュと呼ばれる地域で、グロロという品種を主体として造られたロゼは、INAOにより「ROSÉ D'ANJOU（ロゼ・ダンジュー）」と言う呼称を与えられる。どちらかというと、安価で甘口なワインだ。しかし、マルク・アンジェリのロゼ・ダンジューは濃厚で高貴、あまりにもおいしすぎた。02年、INAOはマルクのロゼをロゼ・ダンジューと認めなかった。品質と信用を保証する機関であるINAOが、通常よりも高品質であることを許さなかったとは皮肉なことだ。INAOも面食らったのかもしれない。

　マルクは、ロワール地方の自然な造りにこだわる造り手だ。89年、初めてのヴィンテージが出たときには、フランスの権威あるワインガイド『ル・ギィド・アシェット・デ・ヴァン』でいきなり3つ星を獲得した。何しろ、それまで知られていなかったので、同じくヴァンナチュールの造り手であるギィ・ボサールとナディ・フコーがマルクの家まで見に来たらしい。

　94年からは、ビオディナミ農法に切り替えて、ワインを造っている。

Mark Angeli

マルクは、ビオディナミで育つブドウを見て、ソーテルヌのワイン学校で学んだ知識を捨ててしまった。

「見かけは同じものができても、本質は違う。もっと言えば、ビオディナミであるかどうかは関係がなくて、農夫は手を抜かず、自分の汗を流すことが一番大事」

マルクの畑を見に行ったときには、驚いた。周辺とは畑の景色がまったく違うのだ。マルクの畑にはワイヤーはない。ブドウの木が1本1本、しっかり立っていて、葉が厚い。畑を風が吹きわたると、葉がダイナミックにそよぐ。これまた、周辺の畑とは違う動きに、なんとも大らかな気持ちになった。マルクはこの畑で、土壌、気候、ブドウの性質を頼りに、堆肥をやらず、除草剤をまかず、甘みの強いブドウを作った。ワイヤーを使わないことによって、風通しがよくなり、病気をもたらす菌の繁殖を防ぐ。ビオディナミは、単に伝統的な造りというだけでなく、理にかなっている。マルクはそのことをよく理解している。

マルクは日本にもよく来ていて、フェスティヴァンにも参加してくれた。ユーモアがあって、甘いもの好き。私の店に来ると、「ヴァンナチュールがこんなにある！？」と驚きながら、虎屋の羊羹をパクパク食べたりしている。音楽も好きで、海賊版のレコード店に連れて行ったら、狂喜乱舞。日本文学や日本の映画にも詳しいと聞いた。そんなインテリのマルクが、汗をかいて造るワイン。ちなみに、マルクはあのロゼに「ROSÉ D'UN JOUR（ロゼ・ダンジュール）」と洒落た商標を考え、味覚だけを審査基準として、広く造り手が使えるようにした。

Mark Angeli

ラピエール、
ショヴェとは違い、
オヴェルノワは
自然体でヴァンナチュールに
たどり着いた。

Pierre Overnoy

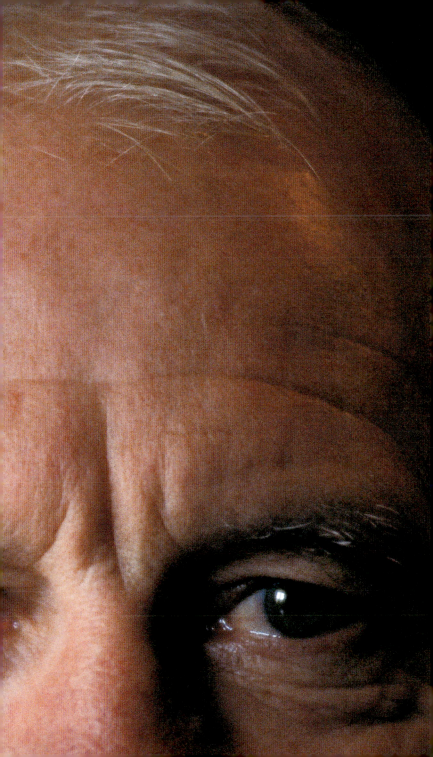

ピエール・オヴェルノワ

　自然に任せてワインを造るというアプローチは、古来続いてきたことではあろうが、それを意識的に取り入れる造り手が現れたのは、70年代後半くらいだろうか。酸化防止剤不使用による醸造を提唱した科学者でエノロジスト（ワイン造りを一貫して指揮、監督するスペシャリスト）ジュール・ショヴェが２年間、ボージョレでワインを造ったときに、マルセル・ラピエールが弟子を連れてやって来て、醸造を手伝ったことが始まりと言われている。ラピエールは後述するように、ヴァンナチュールの父と呼ばれるようになるが、その流れとはまったく別のところで、80年代前半、ピエール・オヴェルノワはジュラ地方で、驚くべきワインを造り始めていた。そこにはショヴェのような理論家はいない。オヴェルノワはまさしく自然体で、地元にもともとあったブドウ品種を使ってワインを造った。「アルボワ・プピヤン」、最初に飲んだ衝撃は、途轍もなかった。

　プピヤンとは、オヴェルノワの畑がある村の名前だ。空気が澄んでいて、夜は信じられないほど星が美しく、静か。しかし田舎ではあった。私が訪ねたころは、食事をする場所にすら困ってしまうほど。下請け的にワインを作るばかりで自分のラベルでワインを売っている造り手も少なかっただろう。

　私が対面したオヴェルノワ自身も、この村にふさわしい穏やかな人で、たとえばクルトワのような、秘めた苦しさを感じなかった。INAOや他の造り手との葛藤もあまりなく、のびのびと信じるワイン造りを貫くことができたのではないだろ

 Pierre Overnoy

うか。

「アルボワ・プピヤン」に使われるブドウは、赤はプールサール、白はサバニャンという品種だ。アルボワの、特に赤の、ワインが「開いた」ときの素晴らしさは、プールサールという品種の特性によるところが大きいかと思う。非常に魅力的で、熟成すると品がある。

ジュラ地方はそもそも、ワイン造りで有名な土地ではないけれど、オヴェルノワを追うように、この土地にドメーヌ・ドゥ・ロクタヴァンや、鏡健二郎のドメーヌ・デ・ミロワールといった、志をもった造り手が出てきた。そして、オヴェルノワ自身も、愛弟子であるエマニュエル・ウィヨンにブドウの栽培と醸造を任せている。ウィヨンは14歳からオヴェルノワと一緒に働いてきた。オヴェルノワは、今は、パン造りに熱中しているのだとか。

ところで、2012年。ボージョレのイヴォン・メトラのワインが激変した。彼の才気はそれまでも認められていたが、この年はひっくり返るほど旨かった。この嬉しい事件に、実はオヴェルノワが一枚噛んでいる。オヴェルノワは、ある年のメトラのワインを飲んですぐに問題点に気づきアドバイスしたそうだ。大先輩の、現場を見ないままのアドバイスに、メトラは従い、施設を改修し、見事な変革を遂げたのである。

オヴェルノワをみんながリスペクトし、追いかけている。ラピエールを訪ねたときだって、開口一番、「オヴェルノワには会ったのか」と私は尋ねられたのだ。人気が出すぎてなかなか買えなくなった「アルボワ・プピヤン」。私は90年代から、ずっと、このワインの虜だ。

 Pierre Overnoy

08年、東京。
私は
マルセル・ラピエールの
1990年の「モルゴン」を持って、
代々木八幡
「ル・キャバレ」に
向かった。

Marcel Lapierre

マルセル・ラピエール

　マルセル・ラピエールが起こした、とあえて言うが、このヴァンナチュールの波は、世界のあちこちの生産者に広がり、それぞれの土地に根付き始めている。90年、ラピエールの「モルゴン」を初めて飲んだときの衝撃は「事件」だった。あまりにも従来の「モルゴン」と違っていた。香りと色、そして味わいは鮮明に記憶に残っているが、人に聞かれても言葉で表すことができない。無農薬、自生酵母、無濾過、酸化防止剤不使用。そう聞いても一体どんな造り方によって、このようなワインができるのか明確にはわからず、ただ、感動的でもあり、不思議でもあった。それまでもオーガニックワインと称するものはあっても、香りや味わいに魅力を感じるものは皆無だったというのに。

　ラピエールは、自然のエネルギーに満ち溢れたワインが、人の肉体と精神に快楽をもたらすことを直感的に理解していた。そしてそのようなワインを作るためにはどうしたらいいかを課題として抱いたに違いない。師匠ジュール・ショヴェも同じ課題に立ち向かっていた。そしてラピエールは、ショヴェが2年間、ボージョレで実践したワイン造りによって確信した。素晴らしいワインを造ろうと思ったら、自然に任せる造りに辿り着くってことに。

　ラピエールはまた、さほどワインの値段が上がるわけでもなかったボージョレで、この土地のブドウで、「モルゴン」の品種でもあるガメイの素晴らしさを人々に教えた。ガメイの価値はラピエールが高めたが、他にフォワヤール、テヴネ、ブルトンという3人の造り手もボージョレにいたことは人類

 Marcel Lapierre

の幸福だ。挑戦は楽しいことばかりではなかったろうが、この4人は燃えていた。ワインのボトルも主張している。ラピエールの、白地のラベルに黒く、シンプルに、「Morgon」の文字、赤い蝋封。スタイルがある。もちろん、スピリットがある。私は、90年ころ、大橋企画という会社で、ラピエールのワインを輸入していた。そのとき税関から連絡があったのをよく覚えている。通関に必要な、輸入するワインの成分分析表が誤っているというのだ。SO2が検出されないのはおかしい、と言われた。それくらい自然なワインだった。

　08年、私の手元にあった90年のラピエールの「モルゴン」を、代々木八幡「ル・キャバレ」(P058)で飲もうということになった。飯田橋「メリメロ」(P086)の宗像君、南麻布「ビストロ アン クー」(P044)の飯野君と、加わった何人かで、大いに盛り上がった。みんな、夢中になった。その後、月に一度、ひとり1本ワインを持ち寄って集まることが定例となり、「アヒルストア」(P062)の齊藤君や「ウグイス」(P072)の紺野君、「ワルツ」(P046)の大山君、「葡呑」(P043)の中湊君らが加わって、今につながるひとつの輪ができあがったんだ。そして、この輪をきっかけとして、生産者、インポーター、酒販店、飲食店、アーティストが集結し、一般のお客さんとともにワインを楽しむ「フェスティヴァン」というヴァンナチュールのイベントが生まれた。思えば日本のヴァンナチュールカルチャーは、90年のラピエールの「モルゴン」に導かれ、ここまで盛り上がっているのだ。

　残念ながらラピエールは2010年に亡くなってしまったけれど、私たちは、あなたとあなたのワインを永遠に忘れません。愛してます。

Marcel Lapierre

勝山晋作

かつやま・しんさくって、誰？

　今、東京で、最も予約のとれないビストロ「祥瑞」のオーナーにして、広東式焼物で旨いヴァンナチュールを飲む、という新機軸で最注目される中華店「楽記」立ち上げ人、そして、ヴァンナチュールの祭典「FESTIVIN」主宰。ヴァンナチュールをはじめて日本に紹介し、造り手とのコネクションをゼロから築き、輸入にまで携わったオーソリティである。

　「自然だからいいわけじゃない。おいしいからいい。おいしくするには自然にするのがいい」と勝山はよく言う。彼の身体には、自然、不自然問わず星の数ほどの銘柄のワインが染みている。ワインだけではない。ウィスキーも、日本酒も、ジンも、ウォッカだって。

　1990年まで勝山は広尾の「ナショナル麻布スーパーマーケット」にいた。土地柄、外国人が多い。飲食店も多い。注文は多岐にわたった。大使館からも、有名レストランからも、次々に無理難題が勝山のもとに集まった。勝山は彼らの要望に的確に応え、着実に評価を高めていった。ボルドー・ワインの売り上げに貢献したとして、ボルドー市から表彰されたことすらある。

　世界中の酒を知り、数多の飲食店を知った勝山が、今ほんとうにオススメできる店はどこなのか？　それがこの本の店々なのです。勝山についていけば、広くて深くてときに怪しくときに眩しいヴァンナチュールの世界も安心して楽しめます。

Shinsaku Katsuyama

ヴァンナチュール＝自然ワインとは何か？

ブドウ栽培も醸造も自然なワイン。
具体的には下の条件を満たす必要がある、と私（勝山晋作）は思う。

- ブドウ栽培は有機農法あるいはビオディナミ農法で実践する
- 自生酵母のみで醸造する
- ブドウ本来の成分を加熱や滅菌などして意図的に変えない
- 添加物を加えない
- ただし酸化防止剤として二酸化硫黄（SO2）をごく少量添加してもよい

「オーガニック・ワイン」なら有機栽培の、「ビオ・ワイン」ならビオディナミ農法のブドウが使われているということだが、「ヴァンナチュール」は醸造も自然な方法をとる。

上の条件は厳しいし、すべて守れる造り手はなかなかいない。でも、マルセル・ラピエールやピエール・オヴェルノワがめざした自然なワインというのは、こういうものだったはずだ。それは「自然派ワイン」とも呼ばれている。でも、今や減農薬栽培（リュット・レゾネ）のブドウを使っている生産者のワインも「自然派」と呼ばれたりしていて……。

正直、自然なワインをめぐる日本の状況は少々混乱していると思う。私は「ヴァンナチュール＝自然ワイン」という言葉とともに、先人の思いを引き継ぎたい。

目次　Contents

👉 造り手たち

002　クロード・クルトワ
016　マルク・アンジェリ
022　ピエール・オヴェルノワ
028　マルセル・ラピエール

034　勝山晋作って、誰？
036　ヴァンナチュール＝自然ワインとは何か？
040　本書の使い方

👉 ヴァンナチュールの飲める店 51

042　祥瑞（六本木駅）　コントロールできない何かが宿る店
043　葡呑（六本木）　ファンキー！
044　ビストロ アンクゥー（広尾）　aller un coup !
045　ダ・オルモ（神谷町）　名コンビのやさしさ
046　ワインスタンド・ワルツ（恵比寿）　デインジャラス
047　ル ヴェール ヴォレア 東京（目黒）
　　　ワインは俺らの人生の楽しいスパイスだ
048　ビヤード（目黒）　フレンチ・コンプレックス・ゼロ
049　キッチン・セロ（目黒）　店が街角を作る
050　フェリチタ（表参道）　これぞリストランテの底力
051　ヘンドリクス（北参道）　間が抜けたところが一切ない
052　楽記（外苑前）　ワインと中華のワクワク体験
053　リベルタン（渋谷）　好立地でわかる人間性
054　ロス・バルバドス（渋谷）　全身アフリカ向き
055　ピニョン（渋谷）　魅力的な不気味さ
056　サジヤ（渋谷・代々木八幡）　欲がなさすぎ。申し訳なくなってくる。
057　クリスチアノ（代々木八幡・代々木公園）　ポルトガルのおしぼり
058　ル・キャバレ（代々木八幡）　店造りの美学
062　アヒルストア（代々木公園）　まねできない店
066　キョウヤ・クチーナ・イタリアーナ（代々木上原）
　　　キョウヤが近くにあるなんて幸せだなあ
067　マチルダ（初台）　ママと呼びたくなるマッチ

キナッセ（幡ヶ谷）	みんな気付いてない（ウシシ）	068
クオーレ・フォルテ（下北沢）	ヴァンナチュール界隨一の……	069
トロワ（三軒茶屋）	なんだかふわぁっ	070
ブリッカ（三軒茶屋）	動物的な一夜も	071
ウグイス（三軒茶屋）	どんどん変わっていく良さ	072
ミャンカー（駒沢大学）	ヴァンナチュールを地元密着させる店	073
味坊（神田）	次はいつ来よう？	074
蕎麦 周（神田）	だしとヴァンナチュールの相性	078
ユメキチ神田（神田）	着物とヴァンナチュール	079
ラ・ピヨッシュ（水天宮前）	魅惑のストック	080
銀座 オザミ・デ・ヴァン本店（銀座一丁目）		081
ヴァンナチュールでオーセンティック・フレンチ		
山利喜（森下）	ヴァンナチュールのおさまりのいい場所	082
パッソ・ア・パッソ（門前仲町）	早くまた会いたい	083
二毛作／丸忠蒲鉾店（京成立石）		084
立石の２つのヴァンナチュールスポット		
焼鳥 今井（千駄木）	今井さんオンステージ	085
メリメロ（飯田橋）	恵比寿魂	086
ロッシ（麹町）	料理にすべて現れている	087
ニッキュー・ロティ（大塚）	アテにまったく困らない	088
パーラー江古田（江古田）	街に場所と時間を	089
オルガン（西荻窪）	西荻を語るとば口となる店	090
ビアンカーラ（井の頭公園）	武蔵野に溶け込む、というより……	091
満月ワインバー（日本各地）	満月だ。ワインを飲もう。	092
アル・フィオーレ（現在閉店）	惜しまれつつ閉店した噂の店	094
バトン（宮城・勾当台公園）	ヴァンナチュールで角打ち	095
のんびり酒場ニコル（宮城・大町西公園）	スジが通っている	096
ゴッチャポント（愛知・尾張一宮）		097
地のもの、旬のもの＝ヴァンナチュール		
ドゥ・コション（京都・烏丸）	路地に灯りが見えると嬉しくなる	098
ル・キャトーズィエム（京都・神宮丸太町）		099
こんなシェフなかなかいない		
お好み焼パセミヤ（大阪・渡辺橋）	珍しいから流行る、のではない	100
ナジャ（兵庫・塚口）	孤高の輝き	101

☞ ヴァンナチュールの買えるお店　102

🚇+🚶 **六本木駅** 東京メトロ日比谷線・都営大江戸線 徒歩5分

祥瑞
Shonzui

東京都港区六本木 7-10-2 三河屋伊藤ビル 2F　03-3405-7478
18:30 〜 22:00 LO　日曜・祝日休　禁煙
予算：18,000 円

コントロールできない何かが宿る店

　1993年にオープンした頃は、私(勝山晋作)がカウンターに立って、居酒屋というかスナックというか、そんな店だった。それから、たくさんの出会いがあって、店はどんどん変わっていった。縁あって仕事のできる職人が集まった。みんなそれぞれが店を作っていくエネルギーがすごい。私は早々とカウンターでの仕事を辞めたし、今も基本的に店のみんなにまかせている。制約ははとんどない。働く人の自己管理、自己実現で成立している。特に坪ちゃん(坪田泰弘/現ル・キャバレ)、茂ちゃん(茂野真/現ル・キャトーズィエム)が劇的に店を変えた。今のように木の板にのせた肉を選んでもらって、焼くことが中心になったのも彼らの時代から。今のシェフの古賀信弘君は仕事が恐ろしく速くて器用、酒のアテを作らせると抜群。ワインはリベルタン(P053)にいたケニヤ(柴山健矢)が選んでいる。

　六本木のはずれという場所で、こんなに長く、おもしろくやれている。自分で言うのもナンだけど、私がコントロールできない何かが宿っているな。

🍷+🍴 **お店に訊いた。ウチではコレ**
ケニヤさんより

❶ Disse (ディス) /
Philippe Jambon (フィリップ・ジャンボン)
とにかくエロいワイン！壇蜜でも杉本彩でもない！フィリップ ジャンボンだ！悩殺！
+Salade de Champignon de Paris (マッシュルームのサラダ)

❷ Orionides (オリオニード) /
La Coulee d'Ambrosia (ラ・クーレ・ダンブロジア)
その名の通りオリオン座流星群！グラスの中の宇宙。口いっぱいに広がるコスモ。
+Burrata et Tomates (ブラータとトマト)

❸ MADLOBA Blanc (マドゥロバ・ブラン) /
Domaine des Miquettes (ドメーヌ・デ・ミケット)
ジョージア流の甕仕込みを、ローヌでおこなった。危ういオレンジワインはなんにでも合う！
+Assiette du Charcuterie (シャルキュトリーの盛合せ)

❹ L'entraide / Vince
現時点で日本未入荷。2015年冬頃入荷予定。フランスからのお土産で頂いて(まさに祥瑞ならでは)インポーターに紹介したワイン。一言で表すなら……ライベー！
+Pavé de Steak (ステーキ)

 スペシャリテ
Pavé de Steak (国産牛のステーキ) 1,800円/100g
表面カリカリ、中はジュワー。赤身中心の肉を厚切りで、シンプルに塩・コショウで。ワインがすすむ！

🍨 **デザート**
Sorbet du Jour et Fruit (季節のソルベとフルーツ) 1,000円、**Tiramisu (ティラミス)** 600円

Disse

本書の使い方

❶ 最寄り駅からの所要時間。
タクシーを横付けするなんてヴァンナチュール的じゃない。今いるところから直近の店にフラリと訪ねるのがいい。
❷ そうはいっても、予約が必要な店もある。
連れが嫌煙家なら禁煙のところを探さなきゃいけないし、予算も気になる。店名、住所、電話、あるならHP、営業時間、定休日、喫煙の可否、予算（平均的なワイン１本＋料理２品＋デザート１品が目安）をまとめた。
❸ 勝山晋作的推薦文。
あらゆる店は世界にひとつしかない。
❹ お店に訊いた。ウチではコレ！
銘柄/生産者＋合わせたい料理。お店から教えてもらった間違いのない料理とＶＮの組み合わせ。ここと❺❻はお店の方に文章をいただいた。
なかには、すでに在庫ぎれのワインもあるかもしれない。そこは、そもそも生産数の少ないＶＮだから、気持ちはわかるがあきらめてほしい。お店の人に相談して「ソレが飲みたかったならコレは？」なんておすすめされるのも楽しいもの。
❺ お店がすすめるとびきりの一品。
❻ 甘いものがあると食事が締まる。
❼ エチケット（ラベル）。
リスト❹のはじめの１本を掲載（一部ヴィンテージ違い有）。

・特に断りのない場合、価格は税込みで記した。
・ヴァンナチュールの略語として「ＶＮ」を使った。
・情報はすべて取材時のもの。

🚌+🚶 **六本木駅** 東京メトロ日比谷線・都営大江戸線 徒歩5分

祥瑞
Shonzui
東京都港区六本木 7-10-2 三河屋伊藤ビル 2F　03-3405-7478
18:30 〜 22:00 LO　日曜・祝日休　禁煙
予算：18,000 円

コントロールできない何かが宿る店

　1993年にオープンした頃は、私（勝山晋作）がカウンターに立って、居酒屋というかスナックというか、そんな店だった。それから、たくさんの出会いがあって、店はどんどん変わっていった。縁あって仕事のできる職人が集まった。みんなそれぞれが店を作っていくエネルギーがすごい。私は早々とカウンターでの仕事を辞めたし、今も基本的に店のみんなにまかせている。制約はほとんどない。働く人の自己管理、自己実現で成立している。特に坪ちゃん（坪田泰弘／現ル・キャバレ）、茂ちゃん（茂野真／現ル・キャトーズィエム）が劇的に店を変えた。今のように木の板にのせた肉を選んでもらって、焼くことが中心になったのも彼らの時代から。今のシェフの古賀信弘君は仕事が恐ろしく速くて器用、酒のアテを作らせると抜群。ワインはリベルタン（P053）にいたケニヤ（柴山健矢）が選んでいる。

　六本木のはずれという場所で、こんなに長く、おもしろくやれている。自分で言うのもナンだけど、私がコントロールできない何かが宿っているな。

 お店に訊いた。ウチではコレ
ケニヤさんより

❶ Disse（ディス）/
Philippe Jambon（フィリップ・ジャンボン）
とにかくエロいワイン！ 壇蜜でも杉本彩でもない！ フィリップ ジャンボンだ！ 悩殺！
+ Salade de Champignon de Paris（マッシュルームのサラダ）

❷ Orionides（オリオニード）/
La Coulee d'Ambrosia（ラ・クーレ・ダンブロジア）
その名の通りオリオン座流星群！ グラスの中の宇宙。口いっぱいに広がるコスモ。
+ Burrata et Tomates（ブラータとトマト）

❸ MADLOBA Blanc（マドゥロバ・ブラン）/
Domaine des Miquettes（ドメーヌ・デ・ミケット）
ジョージア流の甕仕込みを、ローヌでおこなった。危ういオレンジワインはなんにでも合う！
+ Assiette du Charcuterie（シャルキュトリーの盛合せ）

❹ L'entraide / Vince
現時点で日本未入荷。2015年冬頃入荷予定。フランスからのお土産で頂いて（まさに祥瑞ならでは）インポーターに紹介したワイン。一言で表すなら……ライペー！
+ Pavé de Steak（ステーキ）

 スペシャリテ
Pavé de Steak（国産牛のステーキ）
1,800 円 / 100g
表面カリカリ、中はジュワー。赤身中心の肉を厚切りで、シンプルに塩・コショウで。ワインがすすむ！

 デザート
Sorbet du Jour et Fruit（季節のソルベとフルーツ）1,000 円、Tiramisu（ティラミス）600 円

Disse

六本木駅 日比谷線・大江戸線 徒歩12〜15分

葡呑
BUNON

東京都港区西麻布 4-2-14　03-3406-2207　bunon.jp/index.html
月〜水 18:00〜24:00 LO／木〜土 18:00〜26:00 LO　日曜・祝日休
予算：約 6,000〜8,000円

ファンキー！

　葡呑は、趣のある古民家を改装したワインと和食の店だ。店主の中湊茂君と知り合ったのはもう30年近く前。フランス料理店のサーヴィスで、細身でカッコ良かった。中湊君はつねに、フランスだ、イタリアだ、京都だと、研究に余念がない。彼がこうして出歩けるのは、右腕と呼べるサーヴィスのくまちゃんの力もある。くまちゃんの着物と割烹着は古民家の雰囲気をパワーアップさせているが、それだけではない。中湊君もくまちゃんも、プロ根性の権化であるから、お客さんを断ることに罪悪感を憶える。そのおかげで、お店からはみ出さんばかりのお客さんが入ってしまうこともある。遅い時間にチョッと寄って一杯呑んでいこうかというお客さんも断らず、午前0時を過ぎてますます賑わう。お客さんを喜ばせる術や気配りは、中湊君の師匠であるサーヴィスの達人、代官山「ラブレー」のオーナー山田恵氏ゆずりか。最近はワインの探求に余念のない庄司君も加わった。いつも繁盛していて、ある種のオーラが漂っている。貴重な店だ。ファンキー！

 お店に訊いた。ウチではコレ

❶ Saint Romain Combe Bazin（サン・ロマン・コンブ・バザン）／
Domaine de Chassorney（ドメーヌ・ド・シャソルネイ）
フレッシュすっきり白。スポーツも勉強もできる高感度の高い優等生みたい。以下実際にお客様におすすめしたい流れの順にワインを挙げました。
＋セロリ漬、マンボーの腸と青菜の炒め

❷ Cuvée de l'énfant terrible（キュベ・ド・ランファン・テリーブル）／
Jean-François Ganevat（ジャン・フランソワ・ガヌヴァ）
薄旨まかろやか赤。強面でありナイーヴで、繊細な次女のような可憐さも併せ持つそのギャップにもぐっと来ます！
＋魚の煮付、豚ロース西京焼

❸ Vitovska（ヴィトフスカ）／
Vodopivec（ヴォドピーヴェッツ）
濃くて深い白。麦わら色した魅惑の飲みもの。どこかに連れていってくれるような物語性を感じる。
＋さざえのパクチー味噌焼、焼魚

❹ Terzavia Cuvée Riserva VS（テルツァヴィーア・キュヴェ・リゼルヴァ・VS）／
de Baltoli（デ・バルトリ）
複雑で濃い泡。ガンジス河に夕陽がきらめきアラビアンナイトにいざなわれるような官能を湛えている。
＋白子の天婦羅、からすみ大根

スペシャリテ
旬のお造り（刺身）、季節の移り変わりに添ったおそうざい、旬の野菜、または鮮魚のかき揚げ

デザート
旬のフルーツゼリーまたはシャーベット、アイスクリーム 400円（税抜）〜

Saint Romain Combe Bazin

🚇+🚶 広尾駅 東京メトロ日比谷線 徒歩3分

ビストロ アンクゥー

Bistro un coup
東京都港区南麻布4-2-49 2F　03-6277-0889　www.bistro-uncoup.com
12:00～14:00 / 18:00～22:00 LO / ワインバー～24:00（ディナーは8％サービス料）
日曜日休　禁煙（店外に喫煙スペース有）　予算：8,000～10,000円

aller un coup !

　店名はフランス語で「1杯いこう」の「1杯」の意。店主、飯野瑞樹君がマルセル・ラピエール（P028）のもとで働いていたときに、マルセルがことあるごとに「aller un coup!（アレ アン クゥー！）」とグラスを差し出してくれたことに由来する。飯野君は折々のその言葉に、「ありがとう」「おつかれさま」や、悩んでいるときには「答えはグラスの中にあるさ」というマルセルの思いを聴いていた。素敵なエピソードだなあ。

　飯野君には、こいつに任せておけば安心、という頼もしさがある。ワインはヴァンナチュールのみ、セレクションも手堅い。何度かカウンターにひとりで座ったけれど、気持ちとして「手ぶらでいい」というか、構えなくていい。広尾という場所は、彼の仕事に合っているね。ランチもディナーも、ご近所のファンが多い。前は朝食からやっていたし、料理教室などのイベントができるスペースもある。こういうオーソドックスな、働き者の店は、みんなすぐによさをわかってしまうから、2年連続でビブグルマンを獲得。納得。

 お店に訊いた。ウチではコレ
❶ Morgon 2013（モルゴン）/
Marcel Lapierre（マルセル・ラピエール）
優しい味わいで豊かな赤い果実味を持つ。ヴァンナチュール初心者にオススメです。
+塩豚のロースト、サラミなど

❷ Saint Aubin 1er Cru Les Murgers des Dents de Chien 2007（サン・トーバン プルミエ・クリュ レ・ミュルジェ・デ・ダン・ド・シアン）/
Philippe Pacalet（フィリップ・パカレ）
熟成がある程度進み、ひねた香ばしい酸をともなう。石灰、泥炭由来の良質なミネラルが複雑さを与えていて絶妙。
+仔牛のポワレ・モリーユ茸のソース

❸ Chateau Meylet 2002（シャトー・メイレ）/
Michel Favard（ミッシェル・ファヴァール）
雨上がりの森の中にいるような、落ち葉や土のような香り。ボルドーとは思えないほど優しく滑らかで程よくタンニンが溶けて残る。
+蝦夷鹿ロース肉のポワレ・トリュフソース

❹ Muscadet Amphibolite Nature 2013（ミュスカデ・アンフィボリット・ナチュール）/
Joseph Landron（ジョセフ・ランドロン）
お店での年間消費量は断トツNo.1！アペリティフ代わりにも、軽快な口当たりで、キッチンドリンクや家飲みにも。
+生ガキ、白身のお魚や帆立貝のお刺身、天麩羅にも◎

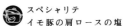 **スペシャリテ
イモ豚の肩ロースの塩ロースト** 2,000円
塩水で優しく味付けした豚肩ロースは、しっとりとした仕上がりになり、ジューシーで旨みが残るので、軽い赤ワインとの相性は抜群です。

🍰 **デザート
梨のスープと牛乳のバヴァロア・洋梨のソルベ添え、カボチャのモンブラン、滑らかチョコレートのテリーヌ** 他

Morgon

ダ・オルモ
da olmo

東京都港区虎ノ門 5-3-9 ゼルコーバ 5-101　03-6432-4073　www.da-olmo.com
18:00〜23:00（火〜金のみランチ 11:30〜14:00）　日曜・祝日休　禁煙
予算：7,000 円

名コンビのやさしさ

　素晴らしい料理を作る北村征博シェフと、正しいサービスマンである原品真一君は、まるでONのような名コンビ。いやONはどっちもバッターだから違うか。二人は新宿「ブリッコラ」にいたときから、息が合っている。北村シェフは丸い、原品君は柔らかい。ふたりが醸すやさしさが店に満ちている。リストランテというのは、料理やインテリアや心配りのさまざまなディテールに魅力があるだけではなくて、この店のようにそれらに一体感があってこそ気持ちいいのだ。しかも「ダ・オルモ」がもっているカラーは、明るくて、爽やかで、健全だ。家族のお祝いをランチでやりたい、そういう店だ。まさにハレの日の場所。料理は、シンプルに見えるのに、素材を見事に活かす火の入れ具合、アクセントの調和。ぴったりくるヴァンナチュールを選んでもらったら、今日は幸福だと素直に思える時間が過ごせるだろう。接待もうまく進みそうだし、デートなら相手は婚約指輪を用意してくれます。なんてね。

お店に訊いた。ウチではコレ
原品さんより

❶ **Chianti Colli Senesi**
（キャンティ・コッリ・セネージ）/ Pacina（パーチナ）
甘味（果実味）、渋み（タンニン）、酸味のバランスが素晴らしく、コストパフォーマンスが非常に高いです。おいしいサンジョベーゼは？ と言われれば、まずこれ。熟成させても素晴らしい（2009年ヴィンテージ以降は銘柄名も生産者と同じ「パーチナ」に変更）。
＋炭火焼きの赤身のお肉や、トリッパ（トマト煮込み）、ラグーなど

❷ **Sassaia**（サッサイア）/
La Biancara（ラ・ビアンカーラ）
私が初めて飲んだヴァンナチュールです。今では人気がありますが、当時は、まだ注目されていませんでしたね。飲み心地が良く、私にとっては大切なワインです。
＋野菜や魚介だいたいイケます。白いお肉もOKです。

❸ **Trebbiano d'Abruzzo**（トレビアーノ・ダブルッツォ）/
Valentini（ヴァレンティーニ）
VNのみならず、イタリアンワインの中でもカリスマ的な生産者。あの雰囲気の人はなかなかいません。偉大な造り手です。私の師匠がとにかく好きで、この仕事を始めた頃、たくさん飲けていました。
＋野菜系はもちろん、甲殻系の魚介や、豚肉など幅広く。

スペシャリテ
鮮魚のラサ 2,000 円（税抜）
粒々の手打ちパスタ。その日入荷の魚介とそのダシを使うシンプルなオイルベース。自家製のドライトマトがアクセントになります。

デザート
シューマレン 800 円（税抜）
シェフ北村が修業したアルトアディジェの郷土菓子。

Pacina

恵比寿駅 JR山手線・埼京線・東京メトロ日比谷線他 徒歩10分

ワインスタンド・ワルツ
winestand waltz
東京都渋谷区恵比寿4-24-3 シマダビル1F
19:00頃〜25:00頃　日曜日休　禁煙
予算：3,000円

デインジャラス

　恵比寿駅から少し歩いて、こんなところが街中にあるのか、と驚くような緑濃い一角に、小さなスタンドの店がある。大山恭弘君らしい、よく見つけたと思う素敵なロケーションだ。

　大山君には、彼にしか出せないグルーヴがある。ヴァンナチュールへのこだわりを内装や言葉で押し出してくるわけではないが、注いでくれるワインを飲めば、内側でほとばしる愛と情熱がすさまじいことはすぐにわかる。旧来のワインマニアが発狂しそうな、規格外でデインジャラスなワインばかりだ。大山君のワインの見立てには独特のものがあって、攻めているワイン、過激な造り手のワインが好き。そういうワインを本能的に見分ける。長い目で造り手を評価しているともいえるし、VNの真の姿を追い求めているともいえる。オープンしたばかりの頃は、口数の少ない大山君と差し向かいで、やや気詰まりだったのに、最近はいつも混んでいる。私も大山君の毒気（？）に当てられに、ちょこっと寄りたくなっちゃうんだな。

お店に訊いた。ウチではコレ

❶ Arbois Pupillin Ploussard 2005（アルボワ・ピュピヤン・プルサール）/ Maison Pierre Overnoy（メゾン・ピエール・オヴェルノワ）
SO2無添加ということをよりポジティブに、よりオープンに考えるきっかけを与えてくれたワイン。
+熟成エポワスチーズ

❷ Le Champignon Magique 2002（ル・シャンピニヨン・マジック）/ Domaine Pierre Beauger（ドメーヌ・ピエール・ボージェ）
「フランスのへそ＝オーヴェルニュ地方」のワイン。過剰な酢酸や酸化香、生々しくざらついた果実の質感がむしろ絶妙とさえ思えてくる…旨い。
+熟成コンテチーズ

❸ Rayure 2005（レユル）/
Jean-Marc Brignot（ジャン・マルク・ブリニョ）
芸術品。胸の中のどの引き出しにしまっていいかのわからない種類の感動を抱えることは、間違いない。ジャン・マルク、天才です。
+モルトソーセージのポトフ

❹ Baltailles 2002（バルタイユ）/
Philippe Jambon（フィリップ・ジャンボン）
驚くほどエネルギーに溢れていて元気を与えられる。ほとんど宗教…。
+アンディーブとハムのグラタン

スペシャリテ
リヨネーズポテトのケークサレ 1,000円
じっくりと火を通した玉ねぎの甘さとパンチェッタの風味。生地はしっとり焼きあげています。

デザート
——

Arbois Pupillin Ploussard

🚃+🚶 目黒駅　JR山手線・東急目黒線・都営三田線他　徒歩13分

ル ヴェール ヴォレア 東京

Le verre volé á tokyo
東京都目黒区目黒4-10-7 栗原ビル1F　03-3713-7505
18:00〜25:00（23:30 LO）　月曜・祝日休　禁煙（店外に灰皿設置）
予算：5,000〜7,000円

ワインは俺らの人生の楽しいスパイスだ

　パリのほうの「ヴェール ヴォレ」といえばヴァンナチュールシーンで常に最前線にいて、いつも活気に溢れているワインバーのひとつである。一時期そこを支えた一人である宮内亮太郎君がその名の下に東京に開いたのがこの店。ドアを開ければ、そこには何の説明もいらない楽しい世界が広がっている。「ワインは俺らの人生の楽しいスパイスだ。盛り上がろうぜ！」ってのがここの流儀だ。VNの扱いに手慣れた亮ちゃんの流れに任せて、いろんなワインを楽しむのが心地良いから、ついおかわりをしてしまう。もちろんシェフの工夫された料理も忘れてはいけない。若いワインの造り手が新たにどんどん出てきている昨今だが、その情報と空気が、パリから目黒へと流れてきている。パリの「ヴェール ヴォレ」は造り手達が集い「俺はこいつの造ったワインが好きなんだ。盛り上がろうぜ！」と沸くディープな場所。そこで稀有な経験を積んだ亮ちゃんに、ますます官能と熱狂の世界を作ってほしいと思う。

お店に訊いた。ウチではコレ
❶ Anjou Blanc（アンジュ・ブラン）/
Agnès et René MOSSE（アニエス・エ・ルネ・モス）

蜜や柑橘系コンポートの厚みのある香り。ミネラルと酸のすばらしいバランス。2008年の収穫時にお世話になり、時間があるときは家にあった柳刃包丁を研ぎ、夜の食事はひたすら天ぷらを揚げてました（笑）。そのときに飲んだマグナムが忘れられない。
＋ラングスティーヌ（手長エビ）、天ぷら

❷ Fluerie-Vieilles Vignes（フルーリー ヴィエイユ・ヴィーニュ）/ Yvon Métras（イヴォン・メトラ）

肉厚なのにスレンダーなボディー。イチゴジャムやプラムの味わいが体中に静かに流れ、膨れ上がる。力強いガメイがくせになります。若いヴィンテージでもすでにうまいが、年数が経ってもお付き合いしたい1本。
＋牛ホホ肉の煮込み

❸ Saint-Joseph（サン・ジョゼフ）/
Dard et Ribo（ダール・エ・リボ）

スミレの香りの女性的なシラー、果実味溢れ出すルーサンヌが印象的。フランス滞在中は何度か畑を訪れ、昼から飲み続け、気付けば近くのティエリー・アルマンの家のトマト畑で寝ていました。
＋赤ならブーダン・ノワール、白ならシェーブル・チーズ（アルデッシュ産）

 スペシャリテ
ブーダン・ノワール
1,800円
テリーヌ型で仕上げているため、外がクリスピーで中がふんわりした口当たりです。

 デザート
白花豆のモンブラン
800円
定番です。このほか季節に合わせて、つねに3種類お出ししています。

Anjou Blanc

🚃+🚶 **目黒駅** JR山手線・東急目黒線・都営三田線他 徒歩10分

ビヤード

BEARD
東京都目黒区目黒1-17-22　03-5496-0567　www.b-e-a-r-d.com
17:30〜22:30 LO（日 10：00〜13:30 LO）　月曜日休　禁煙
予算：10,000円

フレンチ・コンプレックス・ゼロ

　店主、原川慎一郎君は、ブルゴーニュはサンスの2つ星レストラン「ラ・マドレーヌ」や奥沢「ラ・ビュット・ボワゼ」を経て、三軒茶屋の「ウグイス」（P072）でも腕を振るった。フランス料理を修業した他の料理人には感じられないおおらかさが、原川君にはある。ランチにハンバーガーやパンケーキを出すなんて、いわゆるフレンチ・コンプレックスのあるシェフにはない発想だ。ヴァンナチュールの店とか、自然志向の店と定義してしまうのは惜しい。アメリカの「シェ・パニース」に手伝いに出かけたり、スタイリストなどファッション系の仲よしが多いことも、彼の世界を広げて深めるのだろう。原川君って、実際、おしゃれなんだよね。しかもチャーミングだから、会えばどんな人も惹きつけられる。「ビヤード」をオープンするときに、シャブリからもお祝いに駆けつけた人がいた。そういう男です。どんな店を作っても流行ると思うけれど、ピクニック気分で食事やペティアンなんかを愉しむナパやソノマの日常を、体験できる店をやってくれないかな。

 お店に訊いた。ウチではコレ

❶ **Cremant de Bourgogne（クレマン・ド・ブルゴーニュ）/**
Domaine Renaud（ドメーヌ・ルノー）
2008年、1年間ブルゴーニュはシャブリの近く、サンスという街のレストランで修業しました。このクレマンを飲むとその頃の思い出がよみがえります。古木のピノ・ノワールの深みと、きめの細かい泡が印象的。
＋ミックスハーブとパルメザンチーズのタルティーヌ

❷ **Chablis-Bel-Air et Clardys 2009（シャブリ ベレール・エ・クラルディ）/ Alice et Olivier de Moor（アリス・エ・オリヴィエ・ド・ムール）**
ブルゴーニュでは本当に毎日シャブリを飲んでいたので、やはりシャブリはリストから外せません。2009年ヴィンテージは力強い味わいで、飲みごたえがあります。
＋鶏の胸肉のソテー又は平目のムニエルにハーブをたくさん和えたラヴィゴットソース

❸ **SCRIBE Pinot Noir（スクライブ・ピノ・ノワール）/ SCRIBE Winery（スクライブ・ワイナリー）**
アメリカは、カリフォルニア、ソノマの生産者。2012年の夏に訪問し、その環境とライフスタイルの素晴らしさに感動しました。チェリーのようなさわやかな飲み口がとても印象的です。
＋シンプルにグリルしたビーフステーキにマッシュポテト

 スペシャリテ
旬の魚介のグリル。フレッシュトマトとハーブのソテー 2,350円（税抜）
軽くグリルした旬の魚介に、赤ワインビネガーとオリーブオイルでマリネしたフルーツトマトとハーブのドレッシングをかける。

 デザート
チョコムース、プリン、季節のフルーツのタルト 750円（税抜）〜

Cremant de Bourgogne

🚃＋🚶 **目黒駅** JR山手線・東急目黒線・都営三田線他 徒歩2分

キッチン・セロ

Kitchen Cero
東京都品川区上大崎2-13-44 大庭ビル1F　03-5791-5715　www.to-vi.jp
17:00～25:00 (24:00 LO)　年中無休　喫煙可
予算：8,000～9,000円

店が街角を作る

　キッチン・セロは、スペイン風のバルと呼ばれる店かもしれないが、実は世界中のいろんなワインといろんな料理がある。見た目やジャンルではカテゴライズできない居酒屋、というべきか。ロケーションも、中目黒でも恵比寿でもない目黒駅の近くで、ここに自分たちの世界を作るんだ、という快活さ、誠実さを感じる。店が街角を作る、というのはまぎれもない事実だ。

　女将の岩倉久恵さんは、レシピ本も出している料理研究家で、パテ・ド・カンパーニュのような伝統的な料理にも、アイデアが活かされている。久恵さんはずいぶん前から日本のワインにも注目していた。生産者ともつながりがあって、意表を突かれるようなワインにも出会える。もちろん日本の食材も、いいものを吟味している。日本のワインと食材についての理解度は、やはりタダモノではない。ヴァンナチュールに特化しているわけではないけれど、それはそれで間口が広くて、お客さんへの心遣いが現れているともいえる。

 お店に訊いた。ウチではコレ
❶ Kurisawa Blanc（クリサワ・ブラン）/ Nakazawa Vineyard（ナカザワ・ヴィンヤード）
はじめて飲んだとき感動して、その後日本ワインにより興味を持つようになりました。いちばん好きなワインです！
＋コチと桃のカルパッチョ
❷ Tsugane La Montagne（ツガネ・ラ・モンターニュ）/ Beau Paysage（ボー・ペイサージュ）
本当に魅惑的で一度飲んだら忘れられない深い味わいです。
＋鴨といちご、ルッコラクレソンのサラダ
❸ Spätburgunder（シュペートブルグンダー）/ Friedrich Becker（フリードリッヒ・ベッカー）
しっとりとなめらかな果実味を感じる。
＋いちじく、仙波豆腐、マスカルポーネチーズの白和え
❹ Sans Soufre（サン・スフル）/ Takeda Winery（タケダ・ワイナリー）
白の発泡、山形県産デラウエア種100％。やさしい果実味と泡、思わず毎日飲みたくなるいやし系のワインです。
＋豚シャブとオクラの和からし風味

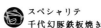 **スペシャリテ**
千代幻豚鉄板焼き
1,550円
長野の岡本養豚さんが育てた豚を塩こしょうでシンプルに。自家製のユズコショウやこうじ屋田中商店のとっからなど薬味を添えて。

デザート
パンナコッタ、ティラミス、バニラアイス、色々ベリーのアイス、キャラメルアイスetc…その時々でかわります。

Kurisawa Blanc

🚌+🚶 表参道駅 東京メトロ銀座線・千代田線・半蔵門線 徒歩2分

フェリチタ

Felicità
東京都港区南青山 3-18-4　03-3408-0141　www.felicita.co.jp
18:00～22:00 LO（土日 17:30～21:00 LO）　月曜・祝日休（BAR は火～金営業）
1F BAR のみ喫煙可　予算：15,000 円

これぞリストランテの底力

　支配人の永島農君の頭の中は一体どうなっているのか。テラバイト級の脳味噌に情報がパンパンに詰まっているんじゃないかと思う。ワインでも、音楽でも、知識が豊富で趣味もいい。年齢を超越した懐の深さがある。そんな永島君を目当てに、昨晩もカウンターはヴァンナチュール仲間がずらりと並んでいたよ。

　「ロッシ」(P087)の岡谷文雄君が長くシェフを務めていて、永島君と一緒に有名なイタリアワインを全部売り切って、思いっきりVNを買いこんだ、というエピソードを聞いた。こういうことは、ワインの仕事の経験が豊富で、自分のコアがしっかりしていなければなかなかできない。当時けっこう危ういワインもあったと思うが、今はうまくなってるぞ、きっと。VNに限らず、「フェリチタ」のラインナップにはいつも思わず唸る。これぞリストランテの底力だ。永島君の今後には本当に期待している。元気な年寄りになったら、きっと永島君の店に通っているだろう。

 お店に訊いた。ウチではコレ
❶ Solo MM9 (2009)（ソーロ）/
Vodopivec（ヴォドピーヴェッツ）
生産者とは公私共に仲良くさせていただいております。膨大なミネラルと集中力と表現力のある味わいの中に柔らかさが混在するミステリアスな魅力があります。イタリア白ワインの金字塔と成り得るワインだと思っています。
+甲殻類の料理、リゾットなど

❷ La Querciola（ラ・クエルチョーラ）/
Massa Vecchia（マッサ・ヴェッキア）
若いうちはワインが持つ膨大な情報量のせいか、逆に無表情に感じてしまうほどの不思議なワインです。熟成が進むとさまざまな要素が顔を出し、爆発的なパワーを感じますが圧倒的な飲み心地のよさがあります。❶と同じように相反する魅力が並立する素晴らしいワインです。
+赤身のステーキなど牛肉の料理に

❸ Bianco dei Muni（ビアンコ・デイ・ムーニ）/
Daniele Piccinin（ダニエーレ・ピッチニン）
若き生産者の白ワインです。2006 年がファーストヴィンテージとは思えないほどの速度で毎年進化しています。ここにあげたすべての生産者に言えることですが、ワインのエチケット（ラベル）に表記してある生産年ごとに違う特徴が表現されています。イタリアワインのこれからを担う生産者だと思います。
+前菜からメインまで、魚介、白身肉と幅広く

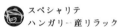 **スペシャリテ**
ハンガリー産リラックス・ラビットのポルケッタ
2,300 円（税・サ 10％別）
日本ではまだ馴染みの少ない兎肉を軽やかに仕立てた一品です。

 デザート
デザートは常時 10 種類程度、700～1,500 円（税・サ 10％別）。**ジェラート各種、ティラ・ミ・ス、ミルフィーユ、季節の果物を使ったデザート等。**

Solo MM9

🚌+🚶 **北参道駅** 東京メトロ副都心線 徒歩10分

ヘンドリクス

HENDRIX
東京都渋谷区神宮前2-13-2 1F　03-3479-3857
ランチ 11:30〜14:30 / ディナー 18:00〜22:30 LO　日曜・祝日休
ディナータイムのみ喫煙可　予算：6,500円

間が抜けたところが一切ない

　カレーはもちろん、つまみが旨い。「じゃこと紫キャベツのコールスロー」とか「じゃがいもの磯辺焼き」とか。ユニークさを言いたいわけじゃない。ツボは押えて、ヒネリも効いて、塩も味も、間が抜けたところが一切ない。一品の完成度が高いのだ。誰を連れて行っても驚くよ。ここで飲むならちょっと甘いペティアンとかが最高だ。やや攻めているセレクトのワインもあるが、スパイスが効いた料理を選べばOK。がんがん飲んでしまって、最後のカレーに辿り着く。私は少なくともハーフで、必ずカレーはいただきます。20年前くらいにオープンして、店主が独自に展開してきて、その中でヴァンナチュールも選択したのだろう。よくこんなアンバランスのようでバランスのいい店ができあがったものだ。迷走ではなくて、確たる審美眼で、1本スジが通っている。幅広い料理の仕込みも相当に大変だと思うし、研究もしているはずなのに、努力は見せない。まあ、なんたって、名前が名前だ。天才は、自然に存在していながら、すごいことをやってくれる。

 お店に訊いた。ウチではコレ
店長・若林剛史さんより

❶ **Tarbianein（タルビアネイン）/**
Claudio Plessi（クラウディオ・プレッシ）
当店の泡の定番。濁っているだけで嬉しくなってしまう、変態寄り(?)の僕には最高のうす濁り微発泡。
＋イカワタトマトのカレー

❷ **Tracassier（トラカシエ）/**
Mouressipe（ムレシップ）
ワインってブドウが発酵したお酒なんだよなーと、改めて思う。こういうワインを飲んでいられれば高価なヴィンテージなど僕にとってはあってもなくてもいい世界。
＋甲斐極み鶏のタンドリーチキン

❸ **Cheverny-Cuvée "Domaine"（シュヴェルニー キュヴェ・ドメーヌ）/**
Domaine du Moulin（ドメーヌ・デュ・ムーラン）
とにかくいつまでも飲んでいたい。それで辿り着いたのがヴァンナチュール。こちらはちょっぴり可愛くて、おしゃべり好きなクラスメイトのような1本。
＋粗挽マトンのメンチ

❹ **Le Printemps Rosé（ル・プランタン・ロゼ）/**
Domaine La Lunotte（ドメーヌ・ラ・リュノッテ）
休日の昼間に飲むホッピーが大好きですが、たまには青空の下でサンドイッチと冷えたロゼもいいもんです。
＋茄子と梅干しのカレー

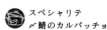 **スペシャリテ**
〆鯖のカルパッチョ
750円
厚切りの〆サバと自家製マスタードソースがワインによく合います。

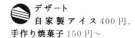 **デザート**
自家製アイス 400円、
手作り焼菓子 150円〜

Tarbianein

🚇+🚶 **外苑前駅** 東京メトロ銀座線 徒歩8分

楽記
Rakki
東京都渋谷区神宮前3-7-4　03-3470-0289
18:00〜22:00 LO（木金〜22:30 LO / 土祝17:00〜21:30 LO）　日曜日休　禁煙
予算：6,000〜7,000円

ワインと中華のワクワク体験

　私（勝山晋作）はワインを、実にさまざまな料理とともに飲んできた。蕎麦でもなれずしでも、中華でも。香港や中国茶に造詣の深い写真家・菊地和男氏との長い付き合いの中でも、中華の焼き物で飲みたいねえ、という話はずっとしてきて、たまたま物件との縁もあって、一軒家に中華の焼き物とワインの店ができあがったわけです。始めてみると、やっぱりワクワクするような体験を毎日している。中華の上湯のようなだしには樽がきいたオーセンティックなワインもいいし、熟成したワインはスパイスや肉の脂と合う。個性の強いヴァンナチュールでも、中華の懐の深さが相手ならば、意外な好相性がありうる。ワインの妙にヒネた味わいが、料理をもっと味わい深くすることもある。料理人によって明確に違いが出るのも、中華ならでは。このたび香港人のベテランの焼物師を迎えることになって、メニューの幅がまた広がるだろう。1階の、家鴨がぶら下がるのを見ながらの立ち飲みコーナーも、もっと充実させるつもりなので、お気軽にどうぞ。

 お店に訊いた。ウチではコレ
❶ Keten Gömlek Küp 2012（ケテン・ゲムレク・キュップ）/
Gelveri（ゲルヴェリ）
ケテン・ゲムレクは「麻のシャツ」という意味。果皮がとても薄くて透き通っているため、上等な麻製シャツのように見えることに由来。
＋皮付き豚バラ肉のクリスピー焼
❷ Populis Carignane 2014（ポピュリス・カリニャン）/
Populis（ポピュリス）
Populis は UC デイヴィス校の同窓生4人が2014年に興した共同プロジェクト。
＋アスパラガスの上湯がけ
❸ Bellotti Rosato（ベロッティ・ロザート）/
Cascina degli Ulivi（カッシーナ・デッリ・ウリヴィ）
ラベルに"SEMPLICEMENTE VINO（シンプルにワインです）"の文言。
＋海老の香味揚げ
❹ Panoramix（パノラミックス）/
Domaine Rivaton（ドメーヌ・リヴァトン）
いさぎよさをすら感じるドライなロゼ・ペティアン。
＋アスパラの上湯がけ

 スペシャリテ
クリスピー鳩 3,500円（税抜）/ 1羽
熱いピーナッツオイルをかけまわしながら皮をパリパリに仕上げます。中はジューシー、皮は香ばしくクリスピー。

🍽 **デザート**
—

Keten Gömlek Küp

🚌+🚶 **渋谷駅** JR 山手線・京王井の頭線・東急東横線他 徒歩 10 分

リベルタン
Libertin
東京都渋谷区渋谷 1-22-6 伊藤ビル 1F　03-6418-4885
19:00 〜 26:00（22:00 LO）　日曜・祝日休　禁煙（23:00 以降は室内喫煙可）
予算：8,000 円

好立地でわかる人間性

　店主の紫藤喜則君なら everything is alright。裏表がなく、愚痴もいわず、誠実。原宿と渋谷の真ん中というおしゃれな地域にあるが、「どうだ」という感じがまったくない。私も店をやってきたからわかるが、こんな好物件が巡ってくる人間は限られている。みなさんも行ってみれば私の言葉を実感として理解していただけるでしょう。

　紫藤君は「ル・キャバレ」（P062）の初代シェフだった。「祥瑞」（P042）もときどき手伝ってもらったこともあるし、リベルタンのソムリエだった柴山健矢君（ケニヤ、と読む。ご両親の新婚旅行先がケニヤだった由）は、現在は「祥瑞」にいる。というわけで、私とは縁が深いこともあって、夜中の 1 時過ぎにふらっと訪ねることもある。遅い時間でもしっかり飲んで食べられるから、誰を連れて行っても安心だ。そんなある晩、私は紫藤君に「なんたって、最後は人だ」と訓示をたれたそうだけれど、私はいいことを言うときはたいてい意識がないので、憶えてはいない。

 お店に訊いた。ウチではコレ

❶ Pascal Simonutti / Pinot Noir（パスカル・シモニュッティ / ピノ・ノワール）/ Pascal Simonutti（パスカル・シモニュッティ）
手書きのブドウが描かれたラベルは色によって品種が違う。ヴァンナチュールならではの自由さ。どれもブドウをそのまま囓ったかのような素直な感じがする。純朴な田舎娘的な可愛らしさがある。ベスト・オブ・Vin de Table。
＋グリーンサラダ

❷ V.I.T.R.I.O.L.（ヴィトリオル）/ Domaine Pierre Beauger（ドメーヌ・ピエール・ボージエ）
奥深い味わいで溢れる果実味。長い余韻。完熟したブドウのみで造られたパワフルなワイン。ナイスボディなエッチなお姉さん。飲むほどに深みにはまっていく。ブドウのポテンシャルがすごいのはまさに彼の畑仕事の賜物。ピエール・ボージエは「自分のワインは高いとよく言われるが、自分はその値段相応の仕事をしている」と言っていた。
＋パテ・ド・カンパーニュ

❸ Coultades（クルタード）/ Nicolas Carmarans（ニコラ・カルマラン）
パリ生まれでビストロを営んでいたが 40 歳過ぎて一念発起。南西地方・アヴェロン県のはずれの山奥に畑を得た。淡い色調。軽やかなタッチでどこか儚く滋味深い味わい。初恋のピュアな同級生といった甘酸っぱいイメージ。
＋レバームース

 スペシャリテ
Rôti de Porc
（岩中豚骨付ロース肉のロースト）4,600 円 / 約 700g
分厚いロースを長時間ゆっくり、火を入れています。季節の野菜を付け合わせ、最後まで飽きずに食べられます。定番メニューで一日だいたい限定 3 食。

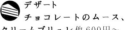 **デザート**
チョコレートのムース、クリームブリュレ他 600 円〜

Pascal
Simonutti / Pinot Noir

🚃+🚶 渋谷駅 JR山手線・京王井の頭線・東急東横線他 徒歩8分

ロス・バルバドス

LOS Barbados
東京都渋谷区宇田川町41-26 パピエビル104　03-3496-7157　facebookページ有
12:00〜15:00 / 18:00〜22:00　日曜日定休・月曜日不定休　禁煙
予算：約4,500円

全身アフリカ向き

　頭で考えて店を作ったというより、店主がからだでやっている、という感じがする。全身がアフリカを向いている。「熱帯音楽酒場」と称していて、店主はリンガラと呼ばれるコンゴの音楽を演奏するバンドで、ベースを弾いていた。ミュージシャンや音楽関係のお客さんも多い。

　すごいのは、料理にますます磨きがかかってきていること。黒板にびっしり書かれた文字に圧倒されます。ナイジェリア、マリ、コンゴ、スーダンなどディープなアフリカが背景にあって、よく研究している。ワインはヴァンナチュールのみ。フランスの南の白など、シャープな酸がビシッとくるようなワインで、まずはひよこ豆の揚げたのとか、いいよね。

　店が入っている渋谷の宇田川町の雑居ビルもなんだか独特の空気を醸していて、スパイスの香りのせいか、パリの移民街のような雰囲気もどこかある。料理、音楽、人、場所、すべてが一体となった、とても濃い店だ。この濃さが熟成するのが、また愉しみだ。

 お店に訊いた。ウチではコレ
❶ Edelzwicker（エーデルツヴィッカー）/ Domaine Andre Stentz
（ドメーヌ・アンドレ・ステンツ）
セパージュはシャスラー種中心。ドライだけれど、アプリコットの香りがほんのり。フランスでは北部に位置するアルザス産ですが、なぜかエスニック料理と好相性と思います。
＋プーレ・ヤッサ（西アフリカの鶏肉レモン煮込み）

❷ La Pie Colette（ラ・ピ・コレット）/
Mouthes Le Bihan（ムート・ル・ビアン）
メルローとマルベック。コクのある果実味の中にスパイシーなニュアンスを感じます。
＋パステル（ガーナ風鱈と野菜の春巻）

❸ Coteaux du Languedoc（コトー・デュ・ラングドック）/ Domaine de Gabelas（ドメーヌ・ドゥ・ガブラス）
グルナッシュ、カリニャン、シラー。南仏らしい、骨太な赤。凝縮したジューシーさが美味。ヴァンナチュールでは珍しい箱ワインですが、イラストがキュートです。
＋ヴェジタリアン・マッツァ（レバノン風野菜惣菜盛合せ）

❹ Esquisse Rose（エスキス・ロゼ）/ Christian Ducroux（クリスチャン・デュクリュー）
ボージョレ産、ガメイのロゼ。青リンゴのような香りと酸味、少しだけ濁りがある。個性があって、美味。ロゼはエスニック系によく合う。
＋セネガル風黒目豆のサラダ

スペシャリテ
ポンドゥ&フフ 1,450円
キャッサバの葉っぱと燻製魚、豆を煮込むコンゴ料理。キャッサバ粉を練って作るフフという主食と一緒に召上ってください。

デザート
モロッコ風アーモンドクリーム揚げ菓子 300円、カリビアン・ガトー・ショコラ 300円

Edelzwicker

渋谷駅 JR山手線・京王井の頭線・東急東横線他 徒歩12分

ピニョン

Pignon
東京都渋谷区神山町16-3　03-3468 2331
18:00〜24:00　日曜・祝日休　禁煙（テラス、外のスタンドテーブルのみ喫煙可）
予算：6,000〜8,000円

魅力的な不気味さ

　この店を語るなら、吉川倫平君の人となり、に尽きるね。倫平君は、ベルボトムが抜群に似合う。実際ははいていないけれど、はいてもらいたいもんだと私はいつも思っている。髭でロンゲで、手足が長い。もしも彼の自転車に乗ったら、私は足がつかない。持っている雰囲気が無国籍で、料理もそう。しかも、ひねりが効いている。クスクスや北アフリカの料理があって、アリーサなんか自家製で、だけどシャンデリアがあったりして、なんともいえず不気味だ。魅力的な不気味さ。まるで渋谷の神山町にある下北沢だ。しかも私が若かった70年代に住んでいた頃の。サービスもメロウ、ごく穏やかで、気持ちいい。

　倫平君はアメリカ西海岸のレストラン「シェ・パニース」に手伝いに行ったりもする。他の店主とは動きがちょっと違っていておもしろい。仲がいいのは京都の元キルンの船越雅代ちゃんとか、「ビヤード」(P048)の原川慎一郎君。みんないいものをきちんと見極める目を持っているなと感じるよ。

 お店に訊いた。ウチではコレ

❶ Crémant d'Alsace Kaysersberg Extra-Brut 2010（クレマン・ダルザス・カイゼルスベルグ・エクストラ・ブリュット）/ Domaine Christian Binner（ドメーヌ・クリスチャン・ビネール）
すでに5年が経過しており、ほのかな熟成香にこなれた厚みを感じる。色調はかなりゴールドに近いイエローで、へたなシャンパーニュを飲むなら、僕は、こちらを飲みます。
＋カサゴのフリット（シンプルに岩塩とレモン）

❷ Akmenine Sancerre Blanc（アクメニネ・サンセール・ブラン）/ Sebastien Riffault（セバスチャン・リフォー）
ナッツや栗のニュアンスを含んだ甘い香りで、色調は山吹色と、秋らしい1本。香りの割に味わいはドライで、果実味と酸のバランスが絶妙。料理にも合わせやすい。
＋さんまのスモーク・マッシュポテト添え

❸ La Luna 2014（ラ・ルナ）/ Domaine Bruno Duchêne（ドメーヌ・ブルノ・デュシェン）
香りは、いちごのよう。とてもクリアーでシルキー。極上のピノ・ノワールと錯覚する。最後はスパイス系のニュアンス。
＋モロッコ風サラダ

❹ Cuordileone 2009（クオールディレオーネ）/ La Mercareccia（ラ・メルカレッチャ）
凝縮した果実味と熟成感がとてもよいバランスで、陰と陽を合わせもつよう。
＋自家製メルゲーズの炭火焼き・アリッサ添え

 スペシャリテ
ラムの自家製ソーセージ（メルゲーズ）。1,300円（税抜）
ほどよいラムの香りに多彩なスパイス、ハーブが香るとてもジューシーな一品。自家製アリッサがアクセント。

デザート
チョコレートムースと季節の果実のケーキ 850円、コニャック風味のティラミス 850円（ともに税抜）他

Crémant d'Alsace Kaysersberg

渋谷・代々木八幡駅　徒歩10分

サジヤ

SAjiYA

東京都渋谷区神山町9-17 神山ビル101　03-3481-9560
18:30 〜 24:00　月・第3火曜日休　禁煙
予算：6,000 〜 7,000円

欲がなさすぎ。申し訳なくなってくる。

　食材もワインも、自分たちが好きなものしか使わない、とキッパリした姿勢が感じられる店である。カウンターで1杯立ち飲みでもいいし、ボトルを開けて分厚いパテや巨大なトリップのカツレツにかぶりついてもいい。付け合せの野菜もこぼれんばかり。このあたりでは珍しく日曜日も開けているし、深夜12時までやっている。あらゆる部分にお客さんの立場からの気配りがあるんだな。使い勝手がとてもいい。

　しかも、ワインの好みを伝えて、まずはずれたことがない。これは感心しますよ。つまりセンスがいいんだ。「アヒルストア」(P062)の看板は、この店の池上ひさかさんが描いたそうだよ。こんなに素敵な店で、失礼な言い方かもしれないけれど、欲がなさすぎて申し訳ない気がするときがある。それが感じのいいお店につながっているんだけど。渋谷の東急とハンズの間から、かつての宇田川、いま遊歩道をぶらぶら歩くのが気持ちよくて、また今日もちょこっと寄ってしまおうか。

 お店に訊いた。ウチではコレ

❶ **DD 2011（デ・デ）/
Bénédicte & Stéphane Tissot（ベネディクト・エ・ステファン・ティソ）**
淡く儚い。飲み終えた頃には、フワフワとした心持ちになり、日常が鮮やかに彩られたように感じる不思議なワイン。「La vie est belle（人生は美しい）」。ステファンの口グセ通りに、人生を美しく豊かにしてくれる。
＋キャベツのブレゼ

❷ **Pascal Simonutti/Sauvignon（パスカル・シモニュッティ/ソーヴィニョン）/
Pascal Simonutti（パスカル・シモニュッティ）**
この年は買いぶどうで仕込んだはずなのに、彼の持ち味が充分に発揮されている‼︎　穏やかなのに、一本筋が通っていて、自由で、秘めたる狂気やすごみを感じる。事故で体が不自由になった今も、静かにぶどうと向き合う姿勢に脱帽。
＋シェーブル・ショー

❸ **Gamay 2005（ガメイ）/
Olivier Cousin（オリヴィエ・クザン）**
「メンチカツ食いたい」。一緒に飲んだ人が発したひと言。甘酸っぱく、トロリとしていて、どこかソースのよう……たしかに合うだろうな。このひと言で、私（池上さん）とワインとの距離がグッと縮まって、ワインが日常となった。最も思い入れのある生産者です。
＋メンチカツ

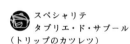 **スペシャリテ
タブリエ・ド・サプール
（トリップのカツレツ）**
2,400円
牛の胃袋（ハチノス）を香味野菜と煮込み、パン粉をつけて、揚げ焼きにした、フランス・リヨンの郷土料理。

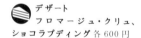 **デザート
フロマージュ・クリュ、
ショコラプディング** 各600円

DD

🚃+🚶 代々木八幡・代々木公園駅　徒歩1分

クリスチアノ

COZINHA PORTUGUESA Cristiano's
東京都渋谷区富ヶ谷1-51-10　03-5790-0909　www.cristianos.jp
18:00 〜 24:00　月曜日休　禁煙
予算：約5,000円（ワイン2,000円＋前菜750円＋メイン1,500円＋デザート700円）

ポルトガルのおしぼり

　シェフ佐藤幸二君はどん欲だ。旨いものがあるなら世界の果てまで行きそうな勢いだ。その勢いを受け止めるスタッフはまたエライ、といつも思ってしまう。とにかくチームワークがいい。バカリャウ（タラの塩漬けの干物）やチーズやベーコンなど作れるものはなんでも作ってやれという職人の気概が厨房に溢れている。しかし、それを売りにする訳ではなく、手作りすることを日常の仕事として当たり前にしている。そうすると店ってどんどんパワフルになっていく。サービスにも、いい仕事をお客様に伝えられる廣居直樹君をはじめとするスタッフがいる。この佐藤、廣居のコンビがクリスチアノの満席グルーヴを生み出しているのだ。私の場合、おしぼりが出たあたりで「とりあえずヴィーニョ・ヴェルデを一杯ちょーだい」と気楽な振る舞いをしてしまう。居酒屋じゃないんだから、とすこしは反省するけれど、当の店はそんなこと全然気にしていないみたい。どんなお客さんでも飲み込んでしまえるパワーがここにはあるのだよ。

 お店に訊いた。ウチではコレ
❶ **Aphros TEN Vinho Verde（アフロス・テン・ヴィーニョ・ヴェルデ）/**
Casal do Paço Padoreiro（カザル・ド・パソ・パドレイロ）
ポルトガルでも珍しいオーガニック・ヴィーニョヴェルデ。ローリエの風味を持つポルトガル土着品種「ロウレイロ」を100％使用。
＋カルデラーダ（ポルトガル式シーフードの煮込み）
❷ **Casa de Mouraz Branco（カサ・デ・モウラス・ブランコ）/ Quinta do Outeiro（キンタ・ド・オウテイロ）**
白。ポルトガルのビオディナミ第一号。
＋バカリャウ料理全般（特にバカリャウ・ア・ブラス）
❸ **Casa de Mouraz Tinto（カサ・デ・モウラス・ティント）/ Quinta do Outeiro（キンタ・ド・オウテイロ）**
「アグアサンタ」というポルトガルの土着品種の中でも希少種を使用。
＋タコのオリーブオイル煮込み
❹ **Alr Tinto（エア・ティント）/**
Quinta do Outeiro（キンタ・ド・オウテイロ）
ポルトガル南部アレンテージョ地方産。醸造責任者のアントニオさんのお気に入りのワインの一つで、自分の名前（Antonia Lopes Ribeiro）のイニシャルを銘柄にしてしまった。
＋ラムの炭火焼き

 スペシャリテ　フランセジーニャ
1,836円
フランスの女の子という名の肉のサンドイッチ。数種類の加工肉、肉を挟んでチーズをかけて、ポルト酒とビールの入ったトマトソースをかけた料理。

デザート
玉子タルト、アローシュドーシュ、ケイジャーダ、らくだのよだれ、ブリガデイロ

Aphros TEN Vinho Verde

🚃+🚶 代々木八幡駅 小田急線 徒歩5分
ル・キャバレ
Le Cabaret
東京都渋谷区元代々木町8-8 motoyoyogi leaf 1F　03-3469-7466
18:00～24:00（金土～27:00）　月曜日休　禁煙
予算：10,250円（ワイン6,000円＋料理3,500円＋デザート750円）

店造りの美学

　パリの香りを最も感じる日本のワインバーは私の中ではずっとル・キャバレだ。店主の細越豊子さんはいつ行っても変わらない様子で迎えてくれる。一時期「祥瑞」（P042）に移った坪田泰弘君が2015年、5年半ぶりに戻ってきて、フロントラインが開店当時の細越・坪田に戻った。坪田君が、ワイン選びは元より音楽、洋服、ユーモアでもセンスが素晴らしいのは周知のこと。もちろんサービスは天下一品だ。イケメンだしね。彼のオススメに従えば、この世は天国だ。人形町のお方（P080）とは風貌はあまりに違えど、もう一人のエロスの伝道師かもしれない。10年経て店はますます渋く磨きがかかっているように思える。細越さんの店造りの美学があちこちに散りばめられていて、思わず時間を忘れてしまうのだ。ここを大切にしている常連のお客様も、大人で素敵だ。ガラスの外に目をやりながらゆっくりエロスに浸っていたいけど、あまりに知り合いに会いすぎてそうはいかない今日この頃なんだな。キャバレはもはや重要文化財だ。

 お店に訊いた。ウチではコレ
坪田さんより
❶ **SP 2006（エスピー）/**
La Grande Colline（ラ・グランド・コリーヌ）
日本のサムライの作ったスバラシイワイン
＋前菜全般、鶏を使ったものなど。

❷ **Le Closerie Les Béguines (2008)（ラ・クロズリー・レ・ベギーヌ）/**
Jérôme Prévost（ジェローム・プレヴォー）
1年の内に何回かシャンパーニュじゃないといけないときがあります。身が清められる気がします。
＋桃のアイスクリーム

❸ **Bugey Cerdon（ビュジェ・セルドン）/**
Raphaël Bartucci（ラファエル・バルトゥッチ）
朝から飲めるワイン。フルーツまるかじりです。
＋サンドウィッチ、パンケーキ!?

❹ **Arbois Pupillin Ploussard 1998（アルボワ・プピヤン・プルサール）/**
Maison Pierre Overnoy（メゾン・ピエール・オヴェルノワ）
パリのビストロで何年か前、フランス人の団体客がステーキをもりもり食べながら、このワインを何本もあけているのをみました。それに憧れます。
＋バヴェットステーキ

 スペシャリテ
クリュディテ 1,300円（税抜）
野菜とクスクスのボリュームのあるサラダです。
バヴェットステーキ 3,500円
牛ハラミのステーキ。
両方とも定番メニューです。

🍰 **デザート**
レモンのタルト、パルフェ・オ・モカ、フォンダン・オ・ショコラ、カスタードプリンなど 750～1,200円（税抜）

SP

🚃+🚶 代々木公園駅 東京メトロ千代田線 徒歩7分
アヒルストア

Ahiru Store
東京都渋谷区富ヶ谷1-19-4　03-5454-2146
18:00〜24:00(土 15:00〜21:00)　日曜・第一土曜・祝日休　禁煙
予算：4,000円

まねできない店

　なぜアヒルなのかといえば、店主の齊藤兄妹の顔がアヒル似だから、と店主ご本人から伺ったことがある。今や毎日オープン前から行列するほど猛烈な人気店だ。私も、自宅からとても近いこともあり、店が発するオーラがどんどん大きくなっていくのを目の当たりにしてきた。あるとき齊藤君が「ラッキーパンチが当っただけですよ」と言ったことがある。身の丈を冷静に把握して、それを伸ばす努力をし続けているから素晴らしいし、気が付いたら他より抜きん出ていたということだろう。ラッキーなんかでこの店の今はありえない。店造りで一番難しいのはいい空気感を造ることです。料理や内外装は店が作れるけれど、それだけじゃいい空気は出ない。お客様に担っていただく役割も大きい。アヒルストアは日々の努力でその困難を乗り越えたんだと思う。メディアにも大々的に取り上げられているけれど、早い時間にお母さんが仕込みをなさっているのを見ると、この店は揺るぎない、と確信します。言っとくけど絶対まねできない店だからね。

 お店に訊いた。ウチではコレ
齊藤輝彦さん(お兄さん)より

❶ **Tavel Rose (タヴェル・ロゼ)** /
Domaine L'Anglore (ドメーヌ・ラングロール)
何かと合わせる必要がない、単体で完結できる。これを飲んで、どんどんワインにのめりこんでいきました。

❷ **Vers la Maison Rouge (ヴェール・ラ・メゾン・ルージュ)** /
Jean-Yves Péron (ジャン=イヴ・ペロン)
ロゼなんだけど、ほぼほぼ赤ワイン。酸っぱくて余韻が長くない感じがかえって食事に合う。
＋シャルキュトリー全般、シュークルートなど

❸ **A-iuto! Bianco (アユート！ビアンコ)** /
Trinchero (トリンケロ)
茶色いワイン。ダージリンティのようだ。アルコール度も高い大人の白ワイン。食後に。合わせたいのは料理というよりもシチュエーション。恋バナとか。

❹ **Sauvageonne (ソーヴァジョンヌ)** /
Domaine des Griottes (ドメーヌ・デ・グリオット)
毎日飲みたい白ワイン。ロワールのヴァンナチュールの定番。
＋旨いパテとパン

スペシャリテ
青海苔と桜海老のあげパン600円
イタリアンのゼッポレのアレンジ。桜海老が入って香ばしい。お腹にたまるのでお2人以上でどうぞ。

デザート
日替わりで数種類あります。**プリン**とか**ガトーショコラ**とか**アイス**とか色々です。500〜700円

Tavel Rose

代々木上原駅 小田急線・東京メトロ千代田線 徒歩5分
キョウヤ・クチーナ・イタリアーナ

Kyoya ～ Cucina Italiana ～
東京都渋谷区上原1-13-7 髙嶋ビル1F　03-6804-8690　facebookページ有
ランチ（火～木）12:00～14:30／ディナー（月～木）18:00～0:00（金土～26:00）
日曜日定休・祝日不定休　禁煙　予算：7,000～8,000円

キョウヤが近くにあるなんて幸せだなあ

　溜池から代々木上原の井の頭通りに移転してきた店だ。明るくて、店主の府金さん夫婦はやさしい雰囲気。代々木上原のような住宅街にはぴったり。カウンターもあるけれど、ピッツェリアのように騒々しくはなく、凛とした空気がある。高齢のご夫婦が連れ立って食事していると、絵になるというかね。金・土曜日は深夜まで開いていて、食べ損なって駆けこむとほっとする。夫が料理、妻がサービス。おいしい京野菜がほぼ必ず品書きにある。料理もサービスも誠心誠意のもので、テーブルについていると、こちらも柔らかく、やさしい気持ちになってしまう。ワインはクオリティの高い、本当にナチュラルな造りのイタリア産のヴァンナチュールが揃う。お勧めの言葉にも愛が溢れているではないですか。キョウヤが近くにあるなんて、幸せだなあ。実際、ご近所さんが多いようだ。こういうふうに、ひとつの小さな店からVNが街の人に浸透していくことはVNにとっても大事なこと。なんて、実は私も家から歩いて行けるのだ。

 お店に訊いた。ウチではコレ
❶ Rosato（ロザート）/
Massa Vecchia（マッサ・ヴェッキア）
08年いよいよお店がスタート！ オープン前日に開けた記念のワイン。ただひたすらうっとりしました。ロザートはどの年も新しい発見や驚きがあり、違う角度からおいしさが表現されています。特に、2004年ヴィンテージの淡さが記憶に残っています。こんな素晴らしいワインをご紹介できる場所になれたらという心を持てたワインです。

❷ Uis Blancis（ウィス・ブランシス）/
Borc Dodon（ボルク・ドドン）
ワインに引き込まれるきっかけになった1本。色、香り、味、すべてが未経験でした。とても新鮮で、新しい世界が広がった感覚でした。今なお彼のワインはワクワクさせてくれます。
＋ストウブココットに入った色とりどりの温野菜オーブン焼き、蕗のとうのリゾット

❸ Vitovska（ヴィドフスカ）/
Vodopivec（ヴォドピーヴェッツ）
イベントで造り手のパオロと会って、ワインから感じていたものと彼の人柄が同じだ！ と感動してさらに惚れてしまったワインです。柔らかく包み込むような優しさと内なる強さ、たくましさ。ワインは人なんだと知りました。好きなワインというだけでなく、尊敬する人でもあります。

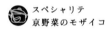 スペシャリテ
京野菜のモザイコ
1,800円（税抜）
クリスマス時期限定。彩りのよいお野菜をたっぷり優しい味わいでテリーヌに仕上げています。食事のスタートに最高です♪

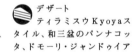 デザート
ティラミスウ Kyoyaスタイル、和三盆のパンナコッタ、ドモーリ・ジャンドゥイアのスフォルマート等……

Rosato

マチルダ

MACHILDA

🚇+🚶 初台駅 京王新線 徒歩1分

東京都渋谷区初台1-36-1　03-5351-8160　www.machilda.com
18:00〜24:00（土15:00〜21:00）　日曜日休　禁煙
予算：5,000円

ママと呼びたくなるマッチ

　ワインが大好きで、料理も上手い店主がマッチこと町田洋子さんです。ここはマッチの好きなワインと、酒飲みのツボを心得たつまみがいろいろある、マッチワールド。持って生まれた才能や感性をすべて形にしている店といえるかな。ワインの好みも、パーソナルな感覚を大事にしていて、健全だ。初台の遊歩道に面した小さな店で、行った人はわかるだろうけど、なんとなくゴールデン街的な昭和感がある。カラオケや水割りはないが、ヴァンナチュールが飲めるわけだ。こういう店を好きな人は多いでしょう。ただし、お客さん同士の距離が近いから、心得は必要かもしれない。隣の会話にあまり立ち入らないこと、とか。まあ、そんな店内での駆け引きもスリリングで愉しいのだけれど。

　マッチのママとしての采配は見事です。チャーミングで可愛いけれど、へんな色気は出さない。かなりマニアックな70年代ロックを聴いていたりするマッチは、この先VN界の姉御になっていくのかな。

お店に訊いた。ウチではコレ

❶ Saveurs Printanières 2006（サヴール・プランタニエール）/
Domaine Christian Binner（クリスチャン・ビネール）
気の置けない友人のような存在。ヴィンテージにもよりますが、ジューシーでクリスピーな味わいがお気に入り。
＋作りたてのリコッタチーズにおいしいハチミツを添えて。

❷ Gewurztraminer Bildstoecklé 2004（ゲヴュルツトラミネール・ビルステュックル）/ Gérard Schueller et Fls（ジュラール・シュレール・エ・フィス）
ヴァンナチュールをまだ深く知らない頃（'07年）、Tahiti 80のライブを見終わった後に訪れた「アヒルストア」（P062）で齊藤氏に選んでもらった1本。高揚感や疲れを優しく癒す味わいにうっとり。店主との対話からワインを選んでもらうおもしろさを知った瞬間でもあります。
＋ワインだけでも十分。ナチュラルなパンや優しい食事。

❸ Rouge de Causse 2010（ルージュ・ド・コース），Rouge Fruit 2010（ルージュ・フリュイ）/
Le Petit Domaine de Gimios（ル・プティ・ドメーヌ・ド・ジミオ）
私は前職がパティシエールでした。それゆえ紅茶は色々と飲んでいたのですが、この生産者のワインは紅茶のよう。心の旅をするような解放感とロマンス。
＋ワインに漬け込んだドライフルーツやナッツがたっぷり入ったパウンドケーキ

スペシャリテ
4種きのことブルーチーズのグラタン 1,050円
濃厚なブルーチーズのソースがワインに合う。開店時から続く愛されグラタン。
フルーツのマリネ 600円
ペティアンや白ワインと一緒に。

デザート
夏は**かき氷**、冬は**餅入りぜんざい**。春秋はテイクアウト用に**焼菓子**を作ったり。

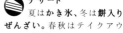

Saveurs Printanières

幡ヶ谷駅 京王新線 徒歩2分

キナッセ
Kinasse

東京都渋谷区幡ヶ谷 1-3-1 幡ヶ谷ゴールデンセンター B1　03-5351-8599
18:00 〜 24:00 LO（日〜 23:00 LO）　月曜日・満月の夜休　禁煙
予算：4,000 円　ameblo.jp/kinasse-hatagaya/

みんな気付いてない（ウシシ）

　幡ヶ谷駅に直結する地下食堂街という独特のロケーションに加えて、この店の特徴を申し上げると、店主のコガタクこと古賀択郎、が非常に真面目。底なしの探究心があって、ヴァンナチュールのコアな生産者を訪ねたり、みんな気付いていないかもしれないけれど（ウシシ）、手に入りづらいワインを仕入れていたり。コガタクは、以前は広告代理店に勤めていて、店のブログによると「2007年頃からワインを飲み始めたばかりの初心者」という自己紹介もあるのだが、研究熱心なだけに、成長著しい。驚くよ。イベントにも積極的で、出身地の熊本に毎月帰って、満月ワインバーを催したりなどもしている。こんなにマメでいながら、自分の顔を売ろうというド心を微塵も感じない。こういう健全さは店の雰囲気に表れるのだ。どこか昭和が残る幡ヶ谷ゴールデンセンターで、コガタクは最先端のことをやっているんだな。「ウグイス」（P072）や「ロッシ」（P087）で働いていた奥さんが秘密兵器とのウワサもあるぞ。

お店に訊いた。ウチではコレ

❶ Vincoeur Vincul Blanc（ヴァンクゥール・ヴァンキュ・ブラン）/ Pierre-Olivier BONHOMME（ピエール＝オリヴィエ・ボノーム）

忘れもしない、はじめて飲んだヴァンナチュール。08年ヴィンテージは旨みがたっぷりで、しかもスティルワインのはずなのに微発泡してたんです（当時のドメーヌはティエリ・ピュズラ）。このときに感じた自由さ、ワクワク、ドキドキからすべてがはじまったんです。言うなれば、初恋の人みたいなワイン（笑）
＋野菜も肉もいけるので、冬ならお鍋とか。

❷ ローズ 赤 / 四恩醸造

アルザスタイプのボトルにスクリューキャップ、薔薇の絵のエチケット。「こんなワインが日本にあったのか！」とすべてがセンセーショナルでした。夜よりも昼が似合いそうな、コップで気軽に飲みたい1本です。
＋ハムサンドなんかと一緒に公園ででも。

❸ Bianco（ビアンコ）/ Massa Vecchia（マッサ・ヴェッキア）

白ワインなのに琥珀色でビックリ。飲んでまたビックリ。06年ヴィンテージをはじめて飲んだときは「高級なレモンティーみたい！」って思いました。特別な夜に飲みたい、身体に染みるワイン。あえてワインだけで楽しみたい。

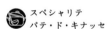

スペシャリテ　パテ・ド・キナッセ

750円

鶏肉主体で作る、あっさりした仕上げのパテ。レバーの代わりに鶏のヤゲン軟骨が入っていて、コリコリとした食感がクセになります。白ワインを飲むときは柚子胡椒を、赤ワインを飲む時は梅肉をつける食べ方をオススメしています。

デザート

――

Vincoeur Vincul Blanc

下北沢駅 京王井の頭線・小田急線 徒歩5分
クオーレ・フォルテ
cuore forte

世田谷区北沢3-20-2 1F / B1Fに姉妹店フェーガト・フォルテ　03-6796-3241　火曜日休
17:30～2:00 LO（日祝17:00～23:00 LO）　予算：4,000円　ameblo.jp/daisuke8741
さらに姉妹店　ピウ・フォルテ　神奈川県鎌倉市雪ノ下3-3-261号　0467-67-1735

ヴァンナチュール界随一の……

　下北沢駅北口の一番街商店街。私は昔、この近所に住んでいた。中華料理屋の2階に、戦前の唸るようなブルースばかりがかかる喫茶店があった。今、一番街には「クオーレ・フォルテ」がある。店主、羽賀大輔君は何しろいい男だ。ヴァンナチュール界随一のホスト顔、などと私はからかっている。土の匂いとか、あんまりしないよなあ。しかし羽賀君は年に1回はワインの造り手を訪ねているし、品揃えが厚い「フェリチタ」で働いていたから、幅広いワインに慣れてもいる。本気を出すとすごいサービスをしてくれるのだ。店の外ではきれいなお姉さんをいつも3人くらい連れているのも、お見事。

　下北沢はなぜか意外にイタリアンが苦戦する街なのだが、ここはいつもいっぱいだ。オーセンティックながらひと工夫した料理はおいしいし、気軽に寄れるカジュアルな感じだから、使い勝手がいい。満席のときは、店先で、暮れなずむ一番街を眺めながら立って飲むのもなかなかいい。

 お店に訊いた。ウチではコレ
❶ Sassaia 2004（サッサイア）/ La Biancara（ラ・ビアンカーラ）
私のワイン軸のど真ん中にあります。料理を邪魔せず万能。
＋魚介系や淡白な鶏肉料理など。

❷ Vecchio Samperi Ventennale（ヴェッキオ・サンペリ・ヴェンテナーレ）/ de Bartoli（デ・バルトリ）
酸化熟成をさせた究極に飲み進むワイン
＋このワインで酒蒸しした海老、とうもろこしのフリットにこれを垂らしたり。

❸ Barbera Frizzante 2003（バルベーラ・フリッツァンテ）/ Camillo Donati（カミッロ・ドナーテ）
微発泡の赤ワイン。入手困難。少し甘みがあり大人のファンタグレープのよう。
＋生ハムやサラミ、チーズなど。生産地であるフェリーノという町はパルマにほど近くこうした食材をよく食するエリアでもある。

❹ Chianti Classico Riserva 2009（キアンティ・クラッシコ・リゼルヴァ）/ La Porta di Vertine（ラ・ポルタ・ディ・ヴェルティーネ）
綺麗で洗練、完熟しきったブドウを感じさせる。発酵させきった飲み心地の良さは素敵です。酸もしっかりある。
＋ビステッカ、ペポーゾ、トリッパや小腸のトマト煮込み

 スペシャリテ
豚バラ肉のポルケッタ
960円（税抜）/ 150ｇ～
ローストした肉にハーブやにんにくの香りがうつる豪快な一品。

 デザート
ボネ 600円（税抜）など、日替わり。

Sassaia

🚃＋🚶 **三軒茶屋駅** 東急田園都市線・世田谷線 徒歩4分

トロワ

trois
東京都世田谷区三軒茶屋2-15-14-110　03-3419-0330　www.trois-sakaba.jp
18:00〜24:00　日曜日休　禁煙
予算：8,000円（ワイン4,800円＋食事3,200円）

なんだかふわぁっ

　ワインはヴァンナチュールだけを置いているけれど、「あの造り手のこのワイン」と前のめりになったり、ワインのスペックを細かく尋ねるお客さんはここにはあまり来ないんじゃないかな。この店は時間や空間を愉しむようにできていて、なんだかふわぁっとしている。それが和む。ビストロとしてもカフェとしても使えて、一人でも友だちとでもいい。クセとか嫌みとかがまったくない。絶妙な落としどころだ。菅野ちゃん（菅野貴子さん）の真っ白なシャツを見てもわかる。だからといって、主張がないわけではない。この店のワインには、マニアも満足できる奥深さ、ふらりと入ったお客さんも納得させるわかりやすさがある。幅広いだけではなくて、セレクトするセンスと能力もあるということ。個人的な言葉遣いで恐縮だけど、どんな使い方もできるこの店の、心地いいニュートラル感が好きで、三軒茶屋駅に降りるとふらっと足が向く。それは私だけではないようで、最近では予約なしには入れなくなってしまったことが、ただひとつ惜しい。

 お店に訊いた。ウチではコレ
**❶ Les Etapes（レ・ゼタップ）／
La Vigne du Perron
（ラ・ヴィーニュ・デュ・ペロン）**
サヴォワ地方のピノ・ノワール。エチケットに描かれたような岩山のすぐドに畑がある。とても繊細で、きれい、透明感がある。赤い果実のフレッシュさがいい。造り手は元ピアニスト。今でも月何回かピアノの先生をしている。
＋コンテチーズ、きのこを使った料理、レンズ豆のサラダとゴボウの赤ワイン煮

**❷ Bourgogne Vezelay（ブルゴーニュ・ヴェズレイ）／
La Soeur Cadette（ラ・スール・カデット）**
生産地は「フランスの最も美しい村151」の1つ。やわらかな厚みを感じる辛口で、シャブリに似ているがもっと優しく、上品な味わい。酸味もおだやかで、シャルドネやアリゴテが苦手な人でも飲みやすい。
＋万能です。前菜からメインまで。例えば淡白なお肉。

**❸ FESTEJAR Rosé（フェスティジャール・ロゼ）／
Domaine La Bohème（ドメーヌ・ラ・ボエム）**
少し甘口の微発泡。野イチゴのような風味とフレッシュな酸が爽やかで心地良い。お花見や皆で集まったときなどに気兼ねなくわいわい楽しみながら飲みたい。「FESTIJAR」は「お祭り騒ぎしようぜ」の意味です！
＋昼間に公園で食べるようなメニュー（フルーツサンドイッチとか、ハンバーガー）

 スペシャリテ
仔羊背肉のロースト
2,400円
低温でローストしたシンプルな料理です。

デザート
ヨーグルトアイス、バナナアイス、チョコトリュフ、チーズケーキ、かぼちゃのプリン

Les Etapes

🚃+🚶 三軒茶屋駅 東急田園都市線・世田谷線 徒歩6分

ブリッカ

Bricca
東京都世田谷区三軒茶屋 1-7-12　03-6322-0256
19:00 〜 25:00 LO / 土・祝 18:00 〜 24:00 LO　日曜・祝日の月曜日休　禁煙
予算：8,600円

動物的な一夜も

　カウンターのある気軽な店には違いないが、料理がトンデモナイ。振り幅が大きいというのか、「ちょこっとつまみ」はもちろん、「リストランテでバローロ」が似合いそうな古典的な料理もOK。店主の金田真芳君は、もともと「ロッシ」(P087)のシェフ岡谷文雄君の右腕で、岡谷君が「自分のDNAを最も受け継いだ」と評する男なのだ。私もCu-Cal (www.cu-cal.jp) などのイベントで仕事ぶりを見ていたけれど、「こいつデキるな」と思っていたものです。ディープなイタリアを確かに感じるし、自分がやってきた仕事を無理なく続けているともいえる。ワインも、攻めている。料理と組み合わせると、なんとも官能的。ヴァンナチュールの店というと、温かみがあって朗らかなところが多いし、ブリッカにもそんな要素がないわけではないが、伴う相手によってはまたとない親密かつ動物的な一夜が過ごせるだろう。とはいえ、ほとんど食べずにひとりで1杯飲むだけでも、気後れすることはない。一番難しいのだ、こういう店を作るのは。

 お店に訊いた。ウチではコレ
❶ Barolo 2007 (バローロ) /
Giovanni Canonica (ジョヴァンニ・カノニカ)
家族経営、多分バローロ村で一番小さな古典的生産者。この年は親しみやすい感じです。
＋馬肉のタルタル

❷ La Querciola 2006 (ラ・クエルチョーラ) /
Massa Vecchia (マッサ・ヴェッキア)
初めて飲んだときは感動した！　香り、味わいなど、しっかりしているのに飲み口にひっかかりがなく、いくらでも飲めてしまう。
＋サルシッチャ

❸ Vitovska 2007 (ヴィトフスカ・アンフォラ) /
Vodovipec (ヴォドピーヴェッツ)
非常にストイックな生産者。土の中にうめた甕で熟成。
＋ホタルイカのリングイネ、フキノトウと生姜風味。

❹ Sassaia 2005 (サッサイア) /
La Biancara (ラ・ビアンカーラ)
このワインから始まった。何も考えずに「うまいー！」って感じです。
＋ひしこいわしのマリネ。ちょっと熟成しているもの。

 スペシャリテ
加工肉の盛り合わせ
2,400円（税抜）
猪の腕肉サラミ、豚サラミ、鹿のもも肉のハム、猪のレバーパテ、豚肩ロースのハム、豚肉の田舎風パテなど。

 デザート
パイナップルケーキ、ヨーグルトのジェラート添え、いちごのバルサミコ和え、バニラジェラート各600円（税抜）

Barolo

三軒茶屋駅 東急田園都市線・世田谷線 徒歩10分

ウグイス

uguisu
東京都世田谷区下馬2-19-6 1F　050-8013-0708　cafe-uguisu.com
18:00～26:00 (25:00 LO) / 日 18:00～25:00 (24:00 LO)　月曜・第4火曜日休
予算：約5,000円

どんどん変わっていく良さ

　近所の常連が多くて、でも実は客層は幅広くて、なんだろう、この独特の空気感。さながら古き良き喫茶店。元はスナックだったという店内ゆえの心地よさか。店の成り立ちにはいろいろあるけれど、ここは、ご近所さんが友だちを連れて来て、噂が広がって、やがて全国から人が集まるようになってきた印象がある。夜23時頃に思いついて「ウグイスやってるかな」なんて覗きたくなる魅力がある。狙っていないのに気付いたらこうなった、といういい例だ。

　店主の紺野真君は努力と好奇心の人。柔軟性と貪欲さ、もつけ加えておこう。ワインは、以前は特にヴァンナチュールを意識していなかったのに、お客さんと酒屋さんから薦められて、どんどん変わっていった。造り手を回ったり、イベントを開いたり、研究熱心で行動力がある。若いときにカリフォルニアで働いて、アメリカの刺激を受けているしね。店を繁盛させる何かを持っている男です。これからの展開にますます目が離せない。

 お店に訊いた。ウチではコレ

❶ Saveurs Printanières（サヴール・プランタニエール）/ Domaine Chrsitian Binner（ドメーヌ・クリスチャン・ビネール）

明るい朝の食卓。ボウルにヨーグルトで和えた林檎や柑橘類、上にオレンジのマーマレイドがかけられて、アカシアの蜂蜜とバゲットが添えられている。そんなイメージのワイン。価格がリーズナブルなのも魅力の一つだ。
＋プーレ・オ・リースリング

❷ St Chinian L'Oiselet（サン・シニアン・ロワズレ）/ Yannick Pelletier（ヤニック・ペルティエ）

小鳥を意味する銘柄だが、味わいは野性的。南仏特有のガリーグ香（野生のハーブ香）にさらに動物の香りが複雑さを与えている。羊のように強い香りの肉に相性抜群。近年、さらにとんでもなくおいしくなっている。
＋仔羊のロースト

❸ Arbois Pupillin Chardonnay（アルボワ・ピュピヤン・シャルドネ）/ Maison Pierre Overnoy（メゾン・ピエール・オヴェルノワ）

ナチュラルワインという域をはるかに超えている。10年を超える熟成に余裕で耐え、寝かせることで更なる未知の領域へ導いてくれるに違いない。長い長い余韻はすべてをつつみ込む奥深さがある。じっくりと向き合い、ボトル1本分の世界を堪能したい。特別な夜に飲みたい。

 スペシャリテ
炙り〆鯛とじゃがいもの一皿 1,100円
オープン以来8年間愛され続けている一皿。ナチュラルな作りのガメイと合わせたい。

デザート
ヌガーグラッセ 650円、**ゴルゴンゾーラチーズケーキ** 850円、**チョコレートムース** 650円、**季節の果物のケーキ** 750円。

Saveurs Printanières

🚃+🚶 **駒沢大学駅** 東急田園都市線 徒歩3分
ミャンカー
miankah
東京都世田谷区駒沢 1-4-7　050-3713-9686　miankah.petit.cc/top/
18:00 〜 25:00（食事 24:00 LO）　火曜・第1・3・5水曜日休　店内禁煙（店外に灰皿あり）
予算：7,200円（ワインボトル5,100円＋料理1,600円＋デザート500円）

ヴァンナチュールを地元密着させる店

　駒沢大学の駅から路地を歩くと、あったかい光が見えてくる。店が密集している場所ではないので、なんだかゆったりした構えに感じる。でも、店は決して広くないし、木のテーブルにカウンター、椅子、どれも普通よりちょっとサイズが小さいのかな。店名は、沖縄の古語で猫の意味だそうで、こういうこじんまりした空間が、猫は大好きなんだ（猫はいないけどね）。

　料理も、かわいらしい皿が多くて、ワインもどちらかというと素朴なものをセレクトしている。派手なパフォーマンスがないのは、まさに店主の倉井哲哉さん、綾さん夫妻が、謙虚な人柄だからなんだろう。「ロッシ」（P087）の腕利きシェフの岡谷文雄君も、近くに住んでいて、常連のひとりらしい。そもそも、お客さんの9割が歩いて家まで帰るとか。ヴァンナチュールを扱う店が日本でも地元に密着しているのは嬉しいことだ。近所にミャンカーのような店があったなら、ハッピーだろう。しかも、私の場合、実は猫オヤジなので、愛猫家の店主夫婦と話が盛り上がってしまうんだな。

　お店に訊いた。ウチではコレ
❶ Touraine Sauvignon（トゥーレーヌ・ソーヴィニョン）/
Pierre-Olivier Bonhomme（ピエール＝オリヴィエ・ボノーム）
僕たちの基本中の基本の一本。「ウグイス」（P072）さんで飲んでから、ずうっと飲み続け、買い続けています。毎年味わいは変わりますが、根底にあるのは常に変わらないふくよかで優しいフルーツ感。わずかに香る青草とハーブ。
＋わかさぎのエスカベッシュ

❷ La Lune（ラ・リュンヌ）/
La Ferme de La Sansonnière（ラ・フェルム・ド・ラ・サンソニエール）
「たまには格上のワインも飲まなきゃだめだよ」と「ベイクショップ」の浅本充さんが飲ませてくれて、ぶっとんだワイン。すさまじい凝縮感とパワーに圧倒されました。毎年数本取っておいて熟成を楽しみます。
＋岩中豚肩ロースのコンフィ

❸ Pinot Blanc Zellenberg（ピノ・ブラン・ツェレンベルグ）/ Domaine Marc Tempé（ドメーヌ・マルク・テンペ）
アルザス大好きなミャンカー。その当店でもっとも登場率が高い白ワインがこちら。果実が力強く旨味たっぷり、かつスムーズな飲み心地。アルザスワインが苦手、という方に是非飲んでもらいたい！ 力強いのに癒される一本。
＋桃とモッツァレラのサラダ

 スペシャリテ
シラスと九条ねぎの自家製ピザ 650円（税抜）
当店でオーダー率の高い定番の一品。日本人が大好きな組み合わせで白ワインを呼ぶピザです。

デザート
フローズン・クリームブリュレ、自家製アイスクリーム各500円、桃とモッツァレラのサラダ 850円（ともに税抜）

Touraine Sauvignon

🚍+🚶 神田駅 JR山手線・中央線・東京メトロ銀座線他 徒歩3分

味坊
Ajibou

東京都千代田区鍛治町2-11-20 1F・2F 03-5296-3386
11:00〜14:30 / 17:00〜23:00 日曜・祝日休 分煙
予算：約3,500円（ワイン約2,500円）

次はいつ来よう？

　賑やかな声がして、皿ががちゃがちゃ鳴って、羊とクミンの香りが充満して、この活気は中華街や中国の店とも違う。働いている人たちの感じもいい。帰るときに「次はいつ来よう？」と思わせる。自分の店もこんなふうに、と思うけど自然にできあがった雰囲気は、真似できない。最初は、ワインを輸入している友だちと食べに行った。「ワインがあったほうが絶対いい！来週持って来るよ」ってな感じで、ワインが置かれるようになった。たいてい1本2,500円は強烈な価格でしょう。梁宝璋（リョウ・ホウショウ）さん、私はリャンちゃんと呼んでいるけど、彼がこの店で3,000円ではちょっと高いとその値段のワイン中心にした。身の丈に合った仕事をして、余計なことはしない。それがいい。リャンちゃんは「中国の東北地方の料理しかわからない」とも言っている。最近、味坊の料理は地方色が強くなって、どんどん進化している。義理堅いから「一生の恩がある」なんて言ってくれるけど、この店は、誰のおかげでもない。リャンちゃんの人間力のたまものだよ。

 お店に訊いた。ウチではコレ

❶ Château Renaissance（シャトー・ルネッサンス）/
Gérard DESCRAMBE（ジェラール・デスクランブ）
ヴァンナチュールを取扱うようになってから、最初にうまいと感じた1本。
＋骨付鶏肉と干しキノコの田舎煮、骨付羊肩肉塩煮

❷ Open Now Rosé（オープン・ナウ・ロゼ）/
Hegarty Domaine de Chamans（エガルティ・ドメーヌ・ドゥ・シャマン）
ロゼ・ワインと味坊の料理の相性の良さに驚き
＋ジャガイモと又焼の香草和え

❸ Cuvée des Galets（キュヴェ・デ・ガレ）/
Les Vignerons d'Estézargues（エステザルグ協同組合）
味坊の料理全般に合わせられる万能ワイン
＋ラム肉の串焼き

❹ Touraine Sauvignon Blanc（トゥーレーヌ・ソーヴィニョン・ブラン）/
Chateau Gaillard（シャトー・ガイヤール）
＋板春雨の冷菜

 スペシャリテ
炭火羊鍋 1,500円/1人前（税抜、2人前から）
店主自ら鍋を購入しに中国へ、生まれ育った中国東北地方では人気のある鍋料理

 デザート

Château Renaissance

🚉＋🚶 神田駅　JR山手線・中央線・東京メトロ銀座線他　徒歩4分

蕎麦 周
Soba Amane
東京都千代田区内神田2-4-11 1F　03-3256-5566　soba-amane.com
17:30 〜 23:00頃　土・日曜・祝日休　分煙
予算：5,800円（ワイン4,200円＋肴850円＋蕎麦750円）

だしとヴァンナチュールの相性

遠くに神田の喧騒を聞きながら、控えめな灯りを目指して路地を急ぎ、引き戸をからり。いやあ、飲める蕎麦屋は嬉しいね。黒板にずらりと、鴨焼き、煮穴子、鯛の昆布〆なんぞ並んでいて、酒飲みはご機嫌になる。居酒屋、と呼んだらいけないかもしれないけれど、蕎麦屋然としていないところが好きです。

食材にこだわっていながら、そういう素振りは見せないあたりも、粋。もちろん蕎麦は旨い。中身が濃い一杯、というのかな。飲んだ後には、いや飲みながらでも、ぜひかけそばを頼んでいただきたい。上野の藪蕎麦で10年以上修業した店主の気合いがこもっている。

ヴァンナチュールと蕎麦の組み合わせは意外に思われるかもしれないけれど、つまみを含めて、鰹や昆布のだしに合うワインはある。フィルターをかけない茶色っぽい色をした白ワインは、たいてい和の旨みと合うようだ。かえしなら赤もいい。

 お店に訊いた。ウチではコレ
すべて当店の「江戸手打ち蕎麦」と寄り添うワインだと確信しております。

❶ **Pièges à Filles 2013（ピエージュ・ア・フィーユ）/ Les Capriades（レ・カプリアード）**
クリスチャン・ショサールを師と仰ぐパスカル・ポテールの作品です。巧みな醸造技術で細かな泡を作りだしたペティアン。キレ味のよいグレープフルーツのような、ほのかな甘味旨味とやや立った酸がバランスよくまとまっていて、スイスイ飲んでしまうおいしさです。
＋鯛の天麩羅、鰤の幽庵焼きなど。繊細な旨味を感じる料理とばっちり

❷ **Kharakter 2011（キャラクテール）/ Domaine Le Briseau（ドメーヌ・ル・ブリゾー）**
このヴィンテージは、ふくよかな旨味ときれいな酸と果実感が溢れている傑作です。造り手クリスチャン・ショサールのブドウ作り・ワイン造りに対する思いが伝わってきます。和食のだしの繊細な味にもついてくる味わいです。

❸ **You are so bublly 2011（ユー・アー・ソー・バブリィ）/ Nana Vins et Compagnie（ナナ・ヴァン・エ・コンパニー）**
ショサールが立ち上げたネゴシアンのワイン。ロゼのペティアンタイプ。やや甘みのある旨味と果実感、余韻はバランスよくきれいに引いていきます。泡が消えた後でもそのバランス感は消えずにおいしく飲める。江戸料理の古典技の「鰹の佃煮」や、「穴子の山椒煮」等とも好相性。

スペシャリテ
玉子とじ蕎麦、かけ蕎麦、鴨焼き、〆サバ、鯛の昆布〆、鯛の酢〆、煮穴子、穴子の煮凍り、鶏レバーの甘辛煮、カツオの山椒煮、カキの佃煮。日本人の味覚の基本となる味をウラに入れて、毎日でも食べたくなる料理です。

デザート
デザートはないですが、やっぱりかけ蕎麦（800円）を食べて帰っていただきたい。

Pieges a Filles

神田駅 JR山手線・中央線・東京メトロ銀座線他 徒歩3分

ユメキチ神田
Yumekichi Kanda

東京都千代田区神田多町2-1-1　03-3252-7118
17:00 〜 24:00　日曜・祝日休　禁煙（喫煙場所あり）
予算：7,000 〜 8,000 円

着物とヴァンナチュール

1階には円状のカウンターがあって、後ろから見ると黒っぽいスーツ姿がずらりと並んでいることが多い。おじさんの迷宮というところかな。私もおじさんだからねえ。いひひ。円の中央には、着物の女性がいる。たすき掛けの料理人まで、この店のスタッフは全員が着物なのだ。福岡にも店があるが、そちらも全員、着物。この雰囲気を作った「加茂ちゃん（加茂雅美さん）」は、先頃ベルリンに行ってしまったが、後輩の女性たちがちゃんと引き継いでいる。みんな気持ちのいいキャラクターで、何が来ても微動だにしないスケールの大きさが感じられる。それでいて艶っぽい。いひひ。なあんて、ここは女性にも人気の店ですよ。

ヴァンナチュールの種類は、ずいぶん増えた。スタンダードというか、それほど過激なものは置かないで、誰もが気分よく飲める品揃えになっている。それにしても、神田は個性豊かな店が多くて、愉快。「味坊」（P074）からユメキチ、というのはVNおじさんの理想の夜遊びのコースなのだ。

お店に訊いた。ウチではコレ
加茂さんより

❶ Nacarat（ナカラ）/ Les Cailloux du Paradis（レ・カイユ・デュ・パラディ）
ガメイ名産地のボージョレー地区以外で飲んだガメイの中でも「なんて瑞々しい!!」と感じたキレイでやわらかな赤。
＋豚の角ワイン煮、とり肝のソース漬け

❷ Saint Romain Combe Bazin（サン・ロマン・コンブ・バザン）/
Domaine de Chassorney（ドメーヌ・ド・シャソルネイ）
まだ開店して間もない頃、スタッフと気合いを入れるため自腹で買って飲んだ想い出のワイン。ボリュームがあり変化も楽しめるので時間をかけてゆっくり飲みたい白。
＋津軽鶏のマスタード焼き、田舎風パテ

❸ Souavignon（スアヴィニヨン）/ Domaine des Maisons Brulees（ドメーヌ・デ・メゾン・ブリュレ）
ヴァンナチュールの知識がない頃、「何これおいしーい♡」ってなった1本。色や味がどんどん変わっていく白。
＋和風ロールキャベツ、鶏胸肉のハム・山椒オイルソース

❹ Arbois Pupillin Trousseau le Ginglet 2011
（アルボワ・ピュピラン・トゥルソー・ル・ジャングレ）/
Domaine BORNARD（ドメーヌ・ボールナール）
ジュラを代表するプールサール種よりもっと優しく感じる。喉ごしもすごくなめらかなスイスイ頂ける赤。
＋コンテチーズ、有機温野菜と味噌

スペシャリテ
いわし明太 700 円
米沢牛ランプ肉のステーキ
2,200 円 / 100 g
赤身の味のあるお肉をステーキにしています。

デザート
チーズケーキ、ガトーショコラ、生チョコレート
各 500 円

Nacarat

水天宮前駅 東京メトロ半蔵門線 徒歩3分
ラ・ピヨッシュ

La Pioche
東京都中央区日本橋蛎殻町 1-18-1 古川ビル 1F　03-3669-7988
17:30 〜 23:00 LO　（土日祝16:00 〜 23:00 LO）　不定休　禁煙
予算：8,000円

魅惑のストック

　ヴァンナチュールを扱う店の中で秘宝館のようなワインセラーを持つのは「フェリチタ」（P050）かここ「ラ・ピヨッシュ」だ。どこかの教祖のような髭もじゃの店主林真也君が、秘密のセラーから選び出したワインの栓をいったん抜けば、たちまち官能と愉楽のエロ光線がボトルの口から溢れ出し、辺りは官能の渦と化す。VNを熟成させて飲み頃を見極めるのはとても難しい。ある日突然魅力的な変化を始めるからやっかいだ。しかしエロスの伝道師林君は見事までに絶頂の一瞬を見抜く。失敗を経験しながら時間をかけて研鑽を重ねないとなかなかこうは行かない。シェフ宮崎智洋君が炭で焼くエネルギー溢れる肉や野菜がまた優しくて力強いのだ。ワインとの相性は言わずもがなだ。

　とても繁盛している店だけど、いちどエロ光線の洗礼を浴びた人はきっと再訪するんだな。林君が発するプラスのオーラは元気になります。行かなきゃ人形町へ、ラ・ピヨッシュへ。

 お店に訊いた。ウチではコレ
❶ Les Barrieux（レ・バリュー）/
Jean-Yves Péron（ジャン＝イヴ・ペロン）
ジャン＝イヴの畑で働いていた頃、自分の植えたブドウがようやくワインになり日本へ。我が子に再会したというか…感慨深いものがあります。
+Beaufort（ボーフォール）、このチーズが一番！

❷ Arbois Pupillin Ploussard（アルボワ・プピヤン・プールサール）/ Maison Pierre Overnoy（メゾン・ピエール・オヴェルノワ）
本当の意味でのエネルギー飲料、または薬。すべての人に喜び、優しさ、癒しを与えてくれる。途方もない大きな愛で包み込んでくれるワインの域を超越したもの。エネルギーに満ちたものであればなんでも調和すると思います。

❸ Arbois "Preface"（アルボワ・プレファス）/
Jean-Marc Brignot（ジャン・マルク・ブリニョ）
すでに生産を終えていますが、人生で最も脳みそに衝撃を受けたワインのひとつ。
+Perdreau Rouge Rôti（山ウズラのロースト）

❹ Baltaiile（バルタイユ）/
Phillipe Jambon（フィリップ・ジャンボン）
現代では認められづらい造り方なのかも知れませんが、飲めばわかる。真の意味での"魂"のワイン。
+Jambon（ハム…）

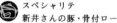 スペシャリテ
新井さんの豚・骨付ロース炭火焼き 3,024円
埼玉の小さな養豚場で丁寧に育てた豚を2週間前後熟成し、シンプルに炭火で焼き上げます。優しい味わいと甘みが特徴の豚さんです。

デザート
日替わりですが、クレーム・キャラメル、テリーヌ・ド・ショコラ、フロマージュ・ブランなどすべて525円

Les Barrieux

🚇+🚶 銀座一丁目駅 東京メトロ有楽町線 徒歩2分

銀座 オザミ・デ・ヴァン本店

Aux Amis des Vins
東京都中央区銀座 2-5-6　03-3567-4120
18:00 〜 24:00　無休（年末年始除く）　禁煙
予算：約 8,000 円（ワイン 2,000 円＋コース 3,980 円〜、アラカルト 600 円〜）

ヴァナチュールでオーセンティック・フレンチ

　オザミグループは東京に10店舗以上ある。社長の丸山宏人君は本郷で「竹とんぼ」という小さな店を開いてからずっと最前線にいて、思ったことを次々と実現してしまう、類まれなエネルギーの持ち主だ。強力な牽引力とインスピレーションがある。つまり長嶋茂雄だ。

　いつ会っても同じように情熱的だから、しゃべっていると、自分も年をとった気がしない。東京で最初にヴァナチュールを本気で扱い始めたのは、「オザミ」と「祥瑞」（P042）だと思う。銀座本店に行くと、白いクロスのテーブルで、ソムリエがワインを注いでくれて、オーセンティックなコースのフランス料理が楽しめる。VNの店では、これはなかなかない雰囲気だ。店が飾っているなら、ワインだって化粧を求められがちだからね。もちろん「オザミ」はあらゆる用意を怠らず、VNだけでなく、グランヴァンだって備えている。ちなみに、オザミ出身でVNを扱う店をやっている人もけっこういるんだな。

 お店に訊いた。ウチではコレ
❶ Gevrey-Chambertin 2011（ジュヴレ・シャンベルタン）/ Philippe Pacalet（フィリップ・パカレ）
今やブルゴーニュのトップドメーヌにして、スターのフィリップ・パカレも、オザミの友人の1人。特に2011年はやわらかく、やさしく、透明感あふれる香水のような液体に、おどろくほどのブドウの旨みを詰めた、生きているお宝。ヴァナチュールの最高峰!!
＋豚肉のロースト、ブレス鶏のロースト

❷ Côte du Rhône La Naturée 2013（コート・デュ・ローヌ・ラ・ナチュレ）/ Les Vignerons d'Estezarg（エステザルグ協同組合）
オザミオリジナルVNの1つ、その名もナチュレ。南仏の太陽の下の凝縮したブドウに、VNならではの個性が見事にマッチした、VNのいいとこどりの1本。濃縮果汁でパンチはありながら全体は優しい。1本飲みきりたい味わい。
＋ブーダン・ノワール、牛ホホ肉の煮込み

❸ Monts de la Grage "Cuvée Bous" 2013（モン・ド・ラ・グラージュ "キュベ・ブー"）/ Domaine des Soulié（ドメーヌ・デ・スーリエ）
こちらもオザミオリジナルワインの1つ。サンソー 100％で、軽快な酸と果実味の相性が最高の1本!! たっぷり旨みも含み、気軽に飲むなら、No.1のワイン！
＋トリップの煮込み、豚足のパン半分焼き

 スペシャリテ　フォアグラととうもろこしのホットケーキ
2,000円（税抜）
オープンより人気No.1メニュー。ソースはシェリーヴィネガーの酸味と、たっぷりのトリュフですべてが相性が良く、インパクト大な一皿。

 デザート　高貴なプリン
800円（税抜）濃厚な味わいにリピーター続出！

Gevrey-Chambertin

山利喜
YAMARIKI

🚌+🚶 森下駅 都営新宿線・大江戸線 徒歩2分

東京都江東区森下 1-14-6　03-5625-6685　www.yamariki.com
17:00 〜 22:00　日曜・祝日休
予算：4,500 円

ヴァンナチュールのおさまりのいい場所

　森下で創業約90年。下町の大衆酒場ファンには日本3大煮込みのひとつと賞賛される豆味噌を使った煮込みに、バゲットをつけて、ワインを合わせる決断はたいしたものだ。フレンチのシェフであった3代目社長の山田廣久さんは他にもフレンチの要素を盛りこんだメニューを開発している。最近は、スタッフの水上岳人君もがんばっていて、社長夫妻と話し合ってヴァンナチュールのお祭り「フェスティヴァン」にも出店してくれている。現場で働く人々がお互いを尊重してやっていこうという、その気持ち、柔軟性、決断力こそ、老舗が長く愛される理由なのだろう。

　コンクリート打ちっぱなしの内装や洋風の料理がアヴァンギャルドに見えても、「山利喜」の本質的な土台は揺るぎない。大鍋の煮込みはその象徴だ。VNも、これまたアヴァンギャルドと言われることがあるが、実は基本の中の基本の作り方をしているのであって、「山利喜」が煮込みの供に選ぶのは必然と思われる。偉大な大衆酒場は、VNのおさまりのいい場所なのだ。

 お店に訊いた。ウチではコレ
水上さんより

❶ Cote de Brouilly（コート・ド・ブルィィ）/
Christophe Pacalet（クリストフ・パカレ）
クリストフ氏の性格、情熱を感じるすばらしく美しい味わい。フランスでグルヌイユ（カエル）と飲んだときは最高でした。
＋やきとんの塩味

❷ Far-Ouest（ファー・ウエスト）/
Mylène Bru（ミレーヌ・ブリュ）
フレッシュさとうまみのある果実味がバランスよし。
＋テリーヌ

❸ Côtes du Rhône-Terre d'Aigles（コート・デュ・ローヌ テール・デーグル）/
Marcel Richaud（マルセル・リショー）
南仏のワインを好きになるきっかけをあたえてくれた偉大な生産者。どんな年も安定したうまさをほこります。
＋煮込み

❹ Pétillant Naturel En Go-Guette（ペティアン・ナチュレル アン・ゴ・ゲット）/
Domaine BORNARD（ドメーヌ・ボールナール）
フルーティかつミネラル感のあるやさしい味わい。昼間からぐびぐびと飲めてしまう。
＋サラダ類全般

 スペシャリテ
煮込み 580 円（税抜）
長年、つぎたしの汁で長時間煮込んだ下町名物。ガーリックトーストとともに頂けば赤ワインとぴったりです。

 デザート
——

Cote de Brouilly

🚇+🚶 門前仲町駅 東京メトロ東西線・都営大江戸線 徒歩3分

パッソ・ア・パッソ

Passo a Passo
東京都江東区深川 2-6-1 1F　03-5245-8645
18:00 〜 21:30 LO　水曜日休　禁煙
予算：13,000 〜 15,000 円

早くまた会いたい

　あまりに素晴らしくて、一度行くと間を空けずに行ってしまう店だ。有馬邦明という男、進化のスピードが早い。ジャンルを超えた料理の巧みさ、凄さがある。非常に貪欲でもあって、先輩の料理人にも食らいつく。まさに異才ですな。誰の料理を食べたい？ と尋ねられたら、今のところ、確実にベスト3に入るのが有馬君だ。

　ツキノワグマ、ヒグマ、カラス……普通のレストランなら、料理しようなんて考えもしない素材でしょう。でも、有馬君はとてもいい肉を手に入れてくるし、熊も脂を上手に使って、ひと皿の上で見事に洗練させる。ジビエも繊細さを活かす。しかも、都会にありがちなしゃらくさい感じはなくて、「パスタって旨いな！」と素直に愉しませてくれる。食材に対しても、お客さんにも、優しさが満ちあふれていますよ。たくさんのお客さんに食べてほしいけれど、リピーターもまた多い。私も早くまた、この深川の粋な男に会いに行きたい。

　お店に訊いた。ウチではコレ
❶ I Masieri（イ・マシエリ）/
La Biancara（ラ・ビアンカーラ）
オープンからお店で出している、僕にとっては1番大事なワイン。友人がインポートしていることもあり、2007年から、オリジナルラベルを使わせてもらっています。
＋グリーンアスパラガスのリゾット、オルティーカ（和名イラクサ、ヴェネトでも食べる山菜）のラビオリ
❷ Lambrusco（ランブルスコ）/
Camillo Donati（カミッロ・ドナーティ）
ワイナリーにお伺いして、人柄、畑、ワインにあらためてふれてきました。あけるときに、気合いの入る一本です。
＋猪のラグー（パッパルデッレと）、ランプレドット（イベント時のみ登場）
❸ Nebbiolo d'Alba（ネッビオーロ・ダルバ）/
Cappellano（カッペッラーノ）
イタリア修行中にピエモンテで体験したワイナリー住み込みでの仕事を思い出す、愛おしい、偉大なワインです。
＋カボチャのニョッキや鳩のロースト
❹ Vitovska（ヴィトフスカ）/
Vodopivec（ヴォドピーヴェッツ）
オープンから地道に使ってきたワインのひとつ。自分も料理をつくる、つくり手。つくり手の人となり、地域（育ち）なりを大切にしていこうと想わせてくれるワイン。
＋カッチュッコやラディッキオのスフォルマート

 スペシャリテ
天然鮎のリゾット（おまかせコースの一品として。とくに夏季のみ）
日本ならではの素材をイタリア料理として表現しました。

デザート
時季の果物や野菜を使ったデザート。

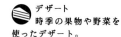

I Masieri

🚃+🚶 京成立石駅　京成押上線　①徒歩3分　②徒歩1分

① 二毛作
Nimousaku
東京都葛飾区立石1-14-4　03-3694-2039
14:00〜21:00 / 土祝12:00〜21:00
日・第三月曜日休　禁煙　予算：約3,500円

② 丸忠蒲鉾店
Maruchuukamabokoten
東京都葛飾区立石1-19-2　03-3696-6788
15:00〜22:00 / 日祝15:00〜21:00
木・第三水曜日休　禁煙　予算：約5,000円

立石の2つのヴァンナチュールスポット

　おじいちゃんが創業してお父さんが継いだおでん種の店「丸忠蒲鉾店」。その隣に、息子の日高寿博君が酒場として「二毛作」を作り、さらに先ごろ、徒歩1分の場所でリニューアルオープンした。新「二毛作」は、昼間っから飲める聖地・立石では、少々気恥ずかしいお洒落な店がまえ。でもむしろ、入りやすいという人も多いかな。ワイングラスが似合う店になった。板前さんも入って、前の店のおでんとは違う味のおでんを出してくれる。ちょこっとしたつまみもいろいろあって、これからが愉しみだ。

　もともとの蒲鉾店の隣の酒場は、「丸忠蒲鉾店」と名を改め日高君の友人で一緒に「二毛作」を営んでいた西村浩志君が守っている。海苔やトマトのおでんを注文すると、隣から日高君のお母さんが持ってきてくれるよ。新「二毛作」より蒲鉾店のほうが、塩味がガツッとくる。大胆にいえば、ヴァンナチュールは「だしが効いている」というか、旨みが豊か。おでんや、ぬかづけとも相性がいい。というわけで、今日も昼ベロだ。

お店に訊いた。ウチではコレ
二毛作・日高さんより

❶ Le Canon Rose（ル・カノン・ロゼ）/
La Grande Colline（ラ・グランド・コリーヌ）
ヴァンナチュールにハマるきっかけになった大岡弘武さんのワイン。すもものような素敵な酸味と旨味にどんどん手が伸びるワイン。
＋下町のフライと合わせてどうぞ！

❷ I Masieri（イ・マシエリ）/
La Biancara（ラ・ビアンカーラ）
定番として置くと決めた1本、味わい深くまだじんわり伝わってくるおいしさにやられました。コストパフォーマンスも最高。安心して飲めるワインです。

❸ Le Canon Rouge 2014
（ル・カノン・ルージュ）/ La Grande
Colline（ラ・グランド・コリーヌ）
毎年追いかけているカノンの赤。14年は軽く発泡していて軽快さを感じますが、奥に感じるブドウの力と旨味に杯が進みます。
＋おでんのトマトと合わせてどうぞ！ おでん全般に合わせても楽しいと思います。

お店に訊いた。ウチではコレ
丸忠蒲鉾店・西村さんより

❶ クレマチス 橙 /
四恩醸造
ワインにはまり始めたときに出会い、その優しい味わいに魅了されました。また初めて見学に行ったワイナリーが四恩醸造さんで、とても思い入れのある1本です。
＋ぬかづけ（古漬け）

 スペシャリテ
（二毛作）白子の柚子釜グラタン
900円

Le Canon Rose

🚃+🚶 **千駄木駅** 東京メトロ千代田線 徒歩1分

焼鳥 今井
Yakitori imai

東京都文京区千駄木2-29-4-102　03-3821-2989
18:00〜23:00　月曜日休　禁煙
予算：ワインは4,600円〜、料理はコース6,000円（税抜）のみ

今井さんオンステージ

　焼鳥今井はいつも混んでいる。おいしい焼き鳥とおいしいワイン、そしておいしそうな今井充史さんがいるから、賑わっている。カウンターだけのお店だから料理する様が見て取れて、いつも生唾ごっくんだ。ついでにワインもごっくんだ。あるときは焼き鳥、あるときはうずら、鴨、鹿、あるときはフォワグラ、となってくると今井ワールド全開だ。今井さんオンステージって感じだ。杯がすすむのも当然だ。

　そういえば炭で焼いたモン・サン＝ミッシェルのムール貝はとても味が濃くて、「ムール貝を焼く」という発想には恐れ入った。日本酒や焼酎はあるけど、オレには料理の組み立て方がワインを飲めって言っているように感じられて、もう、飲むしかないよね。この取り合わせこそ、今井ワールドの真骨頂だ。

　その深い懐に、ぜひ飛び込んでみてください。しかし予約はなかなか取れないぞ。

 お店に訊いた。ウチではコレ
❶ Patapon Rouge（パタポン・ルージュ）/ Domaine Le Briseau（ドメーヌ・ル・ブリゾー）
私にとってこれ以上に焼鳥を食べるのが楽しくなるワインはないと思っています。奥様が造る今後のワインも楽しみです。
＋焼鳥のレバー、もも焼

❷ Saint Romain Combe Bazin
（サン・ロマン・コンブ・バザン）/
Domaine de Chassorney（ドメーヌ・ド・シャソルネイ）
自然派に限らずすばらしいワインです。繊細な味わいは焼鳥はもちろん、日本の料理のすばらしさを引き立ててくれます。
＋笹身の磯辺焼

❸ Muscadet Sèvre et Maine（ミュスカデ・セーブル・エ・メーヌ）/ Domaine de Belle Vue（ドメーヌ・ド・ベル・ヴュー）
こんなにふくよかなのに、キレイなワイン。素敵です。
＋山菜の盛り合わせ（前菜）

❹ ローズ 橙 / 四恩醸造
ずっと腰を据えてのみたいワイン。ワインや日本酒をこえて日本の酒と思います。心にグッとくるお酒。手造りの料理ならなんでも合う。

 スペシャリテ
シャラン鴨の焼きシャブ
うす切りにした鴨をしょうゆでサッと焼き、大根おろしで。

 デザート
——

Patapon Rouge

飯田橋駅 JR中央・総武線・東京メトロ南北線他 徒歩6分

メリメロ

RestVin Méli-Mélo
東京都千代田区飯田橋4-5-4 101　03-3263-3239　www.melimelo-web.com
ランチ11:30 〜 14:00 LO / ディナー 18:00 〜 22:30 LO　日曜日休　禁煙
予算：6,000 〜 7,000 円

恵比寿魂

　かねがね、店主の宗像康雄君は、七福神の恵比寿天によく似ていると思っている。この恵比寿顔で、にっこり、すごいものを出してくるのだ。なにしろ、ワインと食材に対するこだわりが並大抵ではない。どこの誰が作ったか、必ず詳しく知っている。ワインに関しては、90年代初頭からヴァンナチュールに馴染んでいるから、まるで体に染みこんでいるような感じ。しかも、たまに、宗像君は、ワインのすべてを知り、駆逐すらしたいという欲望を感じさせるときがある。表情はあくまで柔和な、あの顔なのだが。そういえば、顔だけではない。宗像君は、一緒にいると、みんなをほっこりハッピーにさせる不思議な力を持っている。そこもまた、恵比寿様なんだなあ。日常、よく顔を合わせるけれど、弾ける男であるところも楽しい。

　ビストロなのだが、ランチもとても混んでいる。ランチに行くと、ペティアンを飲みたいという誘惑にかられてしまう。開店して10年以上、まったくぶれることなく、恵比寿顔、いや恵比寿魂で貫かれてきた店である。

 お店に訊いた。ウチではコレ

❶ Côtes du Rhône-Rouge "A Pascal S."
（コード・デュ・ローヌ ア・パスカル・エス）
/ Domaine Gramenon（ドメーヌ・グラムノン）
平均樹齢100年のグルナッシュ100%。力強さの中にエレガントさとチャーミングさがある。「パスカル・エス（サンタイエ）」は1993年に亡くなったリヨンの料理人で私宗像の親方。もともとは彼の親友・故フィリップ・ロランが、パスカルだけのために造り、一般に販売はされていなかった。
＋牛尾のトリュフ煮込み（フィリップ・ロランが大好きだった）

❷ C'est le Printemps（セ・ル・プランタン）/
Dard et Ribo（ダール・エ・リボ）
ほぼ100％シラーだが少しだけヴィオニエが入っている。女性的なクローズ・エルミタージュ。初リリースは1991年。最初は、翌年の9月までに飲むようにラベルに記してあった早飲みワイン。それが「プランタン（＝春）」の由来。
＋山羊の血とオゼイユのオムレツ

❸ illusion de BB（イリュージョン・ド・ベーベー）/
Philippe Jambon（フィリップ・ジャンボン）
ジャンボンの家の前の小さな畑で造られたシャルドネだけでできている。要するに無添加。グラムノンに影響されて、ワイン造りをはじめた元ソムリエ。20年来の友人です。
＋じゃがいものトゥルト

 スペシャリテ
メリメロサラダ
960円（税抜）
ナチュラルな野菜を使ったサラダ。味付けはオリーブ油と酢、塩のみ。

 デザート
メリメロクッキー 270円、
三和村くりのクリームブリュレ 590円（ともに税抜）

Côtes du
Rhône-Rouge "A Pascal S."

🚌+🚶 **麹町駅** 東京メトロ有楽町線 徒歩4分

ロッシ

Rossi
東京都千代田区六番町1-2 B1　03-5212-3215
ランチ（火〜木）12:00〜13:30 / ディナー（月〜水土）18:30〜24:00（木金〜26:00）
日曜・祝日休　禁煙　予算：9,000円

料理にすべて現れている

　オーナーシェフ岡谷文雄は、旨い料理を作る。イタリアン一筋にもかかわらず、餃子だろうが寿司だろうがなんでも作る物が旨い。店の大小、厨房の設備など、あらゆる状況に対応する能力。静かだが、垣間見せる男気。これでもか、と、とことん行ってしまう徹底ぶり。料理にすべて現われている。ロッシは以前、六本木の明治屋裏にあったのだが、青山に「フェリチタ」（P050）ができた折り、岡谷は請われてシェフとなった。やがてフェリチタを卒業した岡谷は、一時途絶えていたロッシの名前を復活させた。ワインにも造詣が深く、ヴァンナチュールにもいち早く興味を持った一人で、イタリア産もフランス産も相当飲んでいる。理屈ではなく、量も種類も飲んでいるからすごいのだ。復活ロッシは、前菜一皿でワインが何酒類も飲めてしまう、岡谷ワールド全開の楽しい店である。オープンキッチンだが、岡谷は妙にホスピタリティを押しつけない。今日も小さく、沢田研二の「時の過ぎ行くままに」を口ずさみながら、厨房で包丁を握っている。

 お店に訊いた。ウチではコレ

❶ **Riesling Cuvée Particulière（リースリング キュヴェ・パルティキュリエール）/ Gérard Schueller et Fils（ジェラール・シュレール・エ・フィス）**
気軽に深味のあるリースリングを楽しめる、数年瓶熟されたワイン。独特な芳香とシャープな斬れがある。
＋鱈白子のムニエル

❷ **Pico（ピーコ）/ La Biancara（ラ・ビアンカーラ）**
人生生活で重要な役割を果す造り手、アンジョリーノ・マウレ。超熟させたピーコは凡百のワインでは太刀打ちできない旨味深味を感じさせる。ワインはぶどうが持つ生体の強さに由来するという彼の話に頷かされる。大半の料理、ワインに合わせにくい食材にも対応するかも。

❸ **Mongibello Rosso（モンジベッロ・ロッソ）/ Frank Cornelissen（フランク・コーネリッセン）**
年により違った雰囲気をのぞかせる。完熟した味わいと酸をまとったネレッロ・マスカレーゼの醸造を楽しめる。
＋焼いた牡蠣には白ワインより酸の利いた赤ワインが合う。牡蠣のムニエル・トリュフ入り蕪のプレア

❹ **Barolo（バローロ）/ Schiavenza（スキアヴェンツァ）**
長期樽熟のクラシックなバローロ。当店のソムリエが修行中に訪れた造り手。ヴァンナチュールを謳わずともそれを超えるワインがピエモンテ州にはたくさんある。その一つ。
＋ジビエ料理全般

 スペシャリテ
様々な肉のロースト盛合せ（2,800円〜）
鹿、鴨、豚、レバー、ハツ、トリッパ、ジビエなど3〜4種。肉ごとに少量ずつワインを提供。

🍽 **デザート**
桃のコンポートと汁のジュレ添え（夏）＋合わせたいワイン Sol Moscato Passito / Ezio Cerruti、**柚子風味チョコレートムース**（秋〜春）＋ Passito / Massa Vecchia

Riesling Cuvée Particulière

🚃+🚶 大塚駅 JR山手線 徒歩8分
ニッキュー・ロティ
29 Rôtie
東京都豊島区南大塚1-23-8-101　03-6902-1294　29rotie.atukan.com
18:00〜24:00（23:30 LO）　水曜日休　禁煙（外で可能・携帯灰皿貸出有）
予算：6,000〜8,000円

アテにまったく困らない

　カウンターは5席くらいか。小さな店は焼き鳥屋の居抜きのようだ。以前焼き台があったと思しき場所には生ハムのスライサーが鎮座している。牛、鴨、豚、うさぎ、野生鳥獣やら内臓やら、とにかくニクだ。でも、急がない。私なら、まずは3皿で1,000円という珍味系で飲み始めるね。鯖の塩辛なんぞで、日本酒だ。で、おもむろに「茶色い白ちょうだい」などと叫ぶと、すぐ抜いてくれるよ。それでうっとりするような舌触りの生ハムを食べて、それからニクを焼いてもらう。

　チーズもあるし、サラミもあるし、タンドール釜があって、『ローマの休日』の映像が流れている。統一感がない？ いやアテにまったく困らないというべきだろう。

　店主の江澤雅俊君は大塚の居酒屋の名店「串駒」の出身だってね。どうりでメニューが練りに練られている。きれいによく飲むお客さんが多いのもわかるよ。

 お店に訊いた。ウチではコレ
❶ Ribolla Gialla（リボッラ・ジャッラ）/
Radikon（ラディコン）
抜栓をして日を追うごとに、果実味が戻ってきて滑らかに調和的な味わいに変化します。「生酛（きもと）造り」という日本酒の古典的な製法がありますが、共通点があるように思います。その証拠といいますか、日本酒の酒粕を使った料理に同調します。
＋粕汁、地鶏のみそ漬焼、揚げ出し豆腐の銀餡
❷ La Barla（バルラ）/
Case Corini（カーゼ・コリーニ）
生産者は「ブドウの種をかんで収穫を決める」と言います。生命を設計しない造り。とても社交的な味わいでありながら圧倒的な存在感。おいしい……とポロッとつぶやいてしまいました。
＋油でいためた味噌ナス、猪の赤ワイン煮込み、お餅の砂糖醤油つけ焼き
❸ Pinot Gris（ピノ・グリ）/
Gérard Schueller et Fils（ジェラール・シュレール・エ・フィス）
初めて日本酒のような旨みの層を感じたワイン。思ったとおり、刺身や珍味などに合う。生臭みを包み抑え、旨みが引き出されます。わが国にぴったりのワインの1つではなかろうか。可能性に満ちたワイン。
＋塩辛、手巻き寿司、マグロのヅケ

 スペシャリテ
骨付窒息鴨のモモ肉の釜焼き 2,800円
窒息させ血を身に回らせた、フランス産の鴨のモモ肉を骨付きのまま豪快にタンドール釜で焼きます。皮はバリバリ、肉はジューシーでたまらない一品です。

 デザート
たまにティラミス350円などを作るくらいです。

Ribolla Gialla

🚃+🚶 江古田駅 西武池袋線 徒歩5分

パーラー江古田

Parlour Ekoda

東京都練馬区栄町41-7　03-6324-7127
8:30〜18:00　火曜日休（祝日なら営業、翌日代休）　禁煙　予算：5,000〜7,000円
姉妹店「まちのパーラー」練馬区小竹町2-40-4-1F　03-6312-1333　火曜日休

街に場所と時間を

　さまざまな焼きたてのパンとワイン。世にも幸せな構図だけれど、店主の原田浩次君は、もともとパンを焼くことにこだわったわけではない。まずカフェを作りたくて、そのために、たまたま（？）パン屋さんの求人に応募して修業したのだそうだ。

　街の中に、人が集まって過ごす「場所」と「時間」を作ることが、原田君の一番の希望だったということだろう。自分の店をオープンする前に何日間かパンを試作して、「これはいいパンになる」と確信したところで、ある朝ついに開店したら、もう店の前にお客さんがいた。原田君の確信はお客さんにちゃんと届くんですね。最近は、ワインに合うようなパンが、自然と増えてきた感じもする。

　原田君には、手堅さというか、ブレのなさを感じるなあ。努力をしているのに、微塵も感じさせずに、今日も飄々としている。まるで素朴で味わい深いパンのようだ、というのは、こじつけすぎですね。

 お店に訊いた。ウチではコレ

❶ Rosso del Contadino（ロッソ・デル・コンタディーノ）/
Frank Cornelissen（フランク・コーネリッセン）
石のような厳格なワイン造りをしていたフランク自身が一日畑仕事をして疲れて家に帰ったときに飲みたくなるような、生活に寄り添ったワイン。
＋農家さん直送の季節の焼き野菜のサンドイッチ

❷ Pane Vino（パーネ・ヴィーノ）の造るワイン
イタリア語で「パンとワイン」を意味する生産者。一枚の絵を描くようにワインを作り上げる。根底にあるのは生きる源、パンとワイン。
＋ミネラル分の多い自家製酵母のバゲット。

❸ Magma（マグマ）/
Frank Cornelissen（フランク・コーネリッセン）
あるとき、何も知らずに飲んで、ワインへの考え方が180°変わった。面倒くさくなくて、自由で、でも真面目でそして旨い。何に合わせるかも自由。

❹ Etna Rosso-Vinupetra（エトナ・ロッソ ヴイヌペトラ）/ I Vigneri（イ・ヴィニエーリ）
エトナの伝統的な品種を伝統的な栽培をし、伝統的な醸造でワインを造る。真のエトナのワイン。
＋自家製のサルシッチャ

 スペシャリテ
パン。自然なアプローチでワインを造る造り手たちと近い感覚でつくっています。

デザート
ティラミス、ババ、カンノーロ、パンとコーヒー（エスプレッソ）の店ならではのお菓子420〜680円

Rosso del contadino

🚃+🚶 西荻窪駅 JR中央・総武線・中央線 徒歩8分
オルガン
organ
東京都杉並区西荻南2-19-12 1F　03-5941-5388　cafe-uguisu.com
17:00～24:00(23:00 LO)　月曜・第4火曜日休　禁煙
予算：5,000円

西荻を語るとば口となる店

　紺野真君が三軒茶屋に「ウグイス」(P072)を開き、続いて、西荻窪に「オルガン」を作った。どちらもコミュニティが確立している街で、店は駅から離れた場所にあるのに、きちんと根付いて、近所からも遠くからもお客さんを呼んでしまう。そういう店造りができるところが、紺野君だ。いいスタッフを集める力もある。ヴァンナチュールを置いているけれど、そこにこだわりのある人ばかりが集まるのでなく、普通の、気持ちいいレストランとして愛されているのではないかな。フレンチだけどハワイや西海岸の風を感じる。西荻窪にありそうで、なかった店だよね。いまや「オルガン」から西荻窪を語る人もいるだろう。

　紺野君の店にいると、音楽やファッションやカルチャーと並べてワインを楽しむ時代が来たんだな、と実感する。ワインを飲みながらワインのことを語るなんて、一番つまらない。紺野君も周りの人も、そのことをよくわかっている気がして、嬉しくなる。今後の展開が楽しみだ。

 お店に訊いた。ウチではコレ

❶ Escarpolette Blanc（エスカルポレット・ブラン）/
Domaine L'escarpolette（ドメーヌ・レスカルポレット）
オリーブやハーブに囲まれた造り手イヴォ・フェレイラの南仏のブドウ畑を想起させる、とんでもなくアロマティックなワイン。飲み心地はナチュラルでどこまでも優しい。
＋鶏とオリーブのタジン

❷ Le Raisin et l'Ange Blanc-Nedjma（ル・レザン・エ・ランジュ・ブラン ネジュマ）/
Gilles Azzoni（ジル・アゾーニ）
「ネジュマ」とはアラビア語で「星」の意。ジルの息子にはアラブの血が混ざっている。息子に贈ったワインと言ってもいい。いつまでもリーズナブルで、ナチュラル。その姿勢はヴァンナチュールの本来の姿なのではないだろうか？
＋白アスパラとホタテ貝・ソースムスリーヌ

❸ Fleur de Damoiselle（フルール・ド・ダモワゼル）/
Les Cailloux du Paradis（レ・カイユ・デュ・パラディ）
孤高のカリスマ、クロード・クルトワ。彼が06年に一度だけ仕込んだキュヴェ。7年の発酵熟成を経て、瓶詰めされて初めて世に出てきたとんでもないワイン。樽の中で空気に触れながら、少しずつ変化していた液体は、もはや紹興酒や漢方、薬草さえ思わせる、エキゾチックで複雑な風味。
＋イチジクのカンパリコンポート、ムニュピノのアイスクリーム

 スペシャリテ
——

■ デザート
イチゴのムースとスパイスショコラマカロン、フォンダン・ショコラ、パイナップルのソテーとリオレ・ココナッツソルベ添え、グレープフルーツのプリン 600～800円

Escarpolette Blanc

井の頭公園駅 京王井の頭線 徒歩0分
ビアンカーラ
BIANCARA
東京都三鷹市井の頭 3-31-1 1F　0422-49-3032　facebook ページ有
17:00 〜 24:00（日祝 15:00 〜 21:00）　木曜日休　禁煙
予算：4,500 円

武蔵野に溶け込む、というより……

　井の頭公園駅の改札を出て数歩。この駅で降りて帰宅する人や公園で遊んだ人が寄るには格好の場所だ。この店は空気が軽快で、ゆったり流れている。周年祝いのときにDJをやったこともあるけど、イーグルスが似合います。ちょっと古いか。木とガラスの内装もナチュラルで武蔵野に溶け込んでいる。というより、先頭を切っていると言っていいだろう。素晴らしい環境とはいえ、最初にここに店を造ろうと思い立った気概はたいしたものだ。ひと駅に1軒でも、こういうお店ができると、東京の暮らしも窮屈さがなくなっていくのではないかな。

　店主小平尚典君と料理担当飯野究君のコンビもよくて、「あっ、これつまみたいな」と思わせるワインのいいアテがいろいろ。しめ鯖のソテーとかね。しかもリーズナブル。実は、最初は、近くを通った娘に「ヴァンナチュールの店ができたよ」と教えてもらって知った。新しい店に必ず行くわけではないけれど、いい勘がはたらいたね。

お店に訊いた。ウチではコレ
小平さんより
❶ I Masieri（イ・マシエリ）/
La Biancara（ラ・ビアンカーラ）
店名はここから。和酒党だった自分がヴァンナチュールに目覚めた、初恋のワイン。
＋季節野菜とカマンベールチーズのベニエ
❷ Touraine Kuniko 2008（トゥーレーヌ・クニコ）/
Domaine des Bois Lucas（ドメーヌ・デ・ボワ・ルカ）
フランス・ロワールでブドウ栽培とワイン造りを行う新井順子さんが手がけた赤。ザクロやアメリカンチェリーなどのアロマに加え、スパイスやハーブなどのニュアンス。エキスが濃い。
＋炙り〆鯖とポテトのソテー
❸ Vovray demi-sec La Follière 2003
（ヴヴレ・ドゥミ・セックラ・フォリエー）/
SARL Lemaire Fournier（ルメール・フルニエ）
2004年に閉めてしまったドメーヌにて、さすらいの天才醸造家、ニコラ・ルナールが手がけた幻のキュヴェ。タルトタタンやアプリコットのコンフィチュールなども想起させるアロマ。甘さと酸が極めて高いレベルで調和が取れている。
＋無花果のコンフィチュールとゴルゴンゾーラのムース

スペシャリテ
炙り〆鯖とポテトのソテー 980円（税抜）
薄くスライスしソテーしたじゃがいもに、ワインヴィネガーなどで浅めに〆たサバを乗せ、最後にバーナーで皮目を香ばしく炙ります。柚子胡椒が両者をおいしく結びます。

デザート
シナモンバターのグリルドバナナ 480円（税抜）

I Masieri

日本各地、満月の夜とその前日のみ開店

満月ワインバー

Mangetsu Wine Bar　鎌倉binot、祖饗をはじめ日本各地の様々なお店で開催
平日17:00 〜 / 土日祝15:00 〜　予算:3,000 〜 5,000円　禁煙　facebookページ有
ビノ binot　神奈川県鎌倉市小町1-5-14　0467-50-0449
祖饗 so san　神奈川県鎌倉市御成町2-9　0467-39-6140

満月だ。ワインを飲もう。

　満月とワインには密接なつながりがある。満月には地球上の液体が膨張するので、ワインの香りが開く。新月では、ワインが固く閉じてしまう。ヴァンナチュールの造り手は満月にアッサンブラージュや瓶詰めを行うことも多いが、これを飲み手のお祭りにしてしまったのが「満月ワインバー」だ。なかなかやるよなあ。鎌倉の「binot」の阿部剛君と、先頃「祖饗」をオープンした石井英史君が、まず始めた。いまや福岡、長崎、仙台、松本、東京など、全国で13か所くらいになるのじゃないかな。「パーラー江古田」(P089)や「キナッセ」(P068)「バトン」(P095)でもやっている。月に一度、満月の夜に、全国のさまざまな酒場に集まって、それぞれにVNのボトルを開けて、みんなで愉しむ。毎月の小さな祝祭でもあるし、VNをいろいろ飲む機会でもある。特にVNを初めて体験する人には、仲間がいて、おしゃべりもできて、いいでしょう。ひたすら酔っ払ったっていいけどね、満月だもの。(ワイン❶❷＝石井氏、❸＝阿部氏セレクト。メニュー・スペシャリテ＝binot)

お店に訊いた。ウチではコレ
❶ Barbera d'Asti Vigna Del Noce 2004
(バルベーラ・ダスティ・ヴィーニャ・デル・ノーチェ) / Trinchero (トリンケーロ)

2000年に出会った、僕自身初体験のヴァンナチュール。奥底にある、飲む人を魅きつける魔物のような魅力は、長い熟成期間と、古い樹齢のブドウ、さらにやんちゃな暴れ馬のような家主エツィオ・トリンケーロの徹底した丁寧な仕事と鍛え抜かれた審美眼のおかげ。

+鹿のラグー
❷ Montemagro (モンテマーグロ) /
Daniele Piccinin (ダニエーレ・ピッチニン)

レストラン経営から転身。1980年生まれの若者はみずみずしく柔軟な感性と突破力のある馬力と、元ソムリエゆえの注意深い観察力の持ち主。毎年チャレンジ精神にあふれた彼のワインが今後どう進化していくのか、楽しみで、ずっと見ていきたい。

+白インゲン豆とピスタチオのパテ
❸ Il Buonvicino (イル・ブォンヴィチーノ) の赤ワイン

08年に長谷にあるワインバー「ボータン (Beau temps)」に行ったとき、店主に勧められた (試された?)。店主「こういうのどう……?」/ 僕「うまいね!」。このとき僕がNOと感じていたら満月ワインバーは生まれていないはず。その店主とは石井英史氏です。

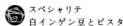
スペシャリテ
白インゲン豆とピスタチオのパテ 500円

白インゲン豆と大豆グルテンミートを使用したパテです。ピスタチオとレモンの風味がアクセントです。

デザート
—

Barbera
d'Asti Vigna Del Noce

Produit de France

Beaujolais

2012

Appellation Beaujolais Contrôlée

Mis en bouteille à la propriété
Métras - Grille-Midi - 69820 Fleurie

2015年現在閉店
アル・フィオーレ
AL FIORE
宮城県仙台市太白区向山2-2-1 エスパシオ向山1階　022-263-7835　al-fiore.com
12:00～14:00 LO / 18:00～21:00 LO　水曜日休　禁煙
予算：8,000～10,000円（コースのみ）

惜しまれつつ閉店した噂の店

　シェフ目黒浩敬君の食材へのこだわりは驚くばかりで、なんでも作ってしまう。農園で野菜も育てて、生ハムも仕込む。鴨、ライチョウ、蝦夷鹿などジビエも独自のルートで仕入れる。地元仙台の生産者との結びつきは強いが、それだけではなくて、福岡の天然の猪豚なんて、ユニーク食材にもアプローチする。道のないところを切り開く探究心、行動力がすさまじいのだ。

　といっても、目黒君、脂ぎったところはまったくない。話し方はやさしいのに説得力がある。もはや仙人の域。人を集める不思議な吸引力もある。3.11のときも救援に飛び回っていたし、主催した農園植樹祭も盛況だった。

　目黒君には「自然である」ということは当たり前なんだろう。単に料理を作るのではなくて、素材のエネルギーを敏感に察知して、それを伝えようとする。VNの熱き愛好者にして伝道師としても適任だね。ただね、目黒君はいつも真面目なんだなあ。オレが「何を1.5リットル」なんて言ったら笑うかな。ニカッとするくらいだろう。

 お店に訊いた。ウチではコレ
❶ Tsugane La Montagne（ツガネ・ラ・モンターニュ）/
Beau Paysage（ボー・ペイサージュ）
日本のワインの印象が衝撃的に変わった1本。これからの日本のワインに対する無限の可能性を見出せた。
＋野菜のリエットと石臼挽き全粒粉のパン

❷ Ribolla Gialla 2005（リボッラ・ジャッラ）/
La Castellada（ラ・カステッラーダ）
ヴァンナチュールのイメージを完全に覆されるほど完成度が高く、とってもきれいなワイン。
＋雪むろ熟成いしがいものニョッキ・セージソース

❸ Montepluciano d'Abruzzo 2002（モンテプルチアーノ・ダブルッツオ）/
Valentini（ヴァレンティーニ）
イタリアのVNの造り手の第一人者として輝かしいワインを造ってきたヴァレンティーニ。ブドウの品種や産地ではなく結局作り手の熱意と意欲、人柄でワインはできているんだと悟らされる。
＋石巻産網獲り真鴨のアッローストゥ・バルサミコと血のソース

❹ Clivi Galea 1999（クリヴィ・ガレラ）/
i Clivi（イ・クリヴィ）
土着品種のおもしろさと素晴らしさを堪能できる。北イタリアならではの、心地よい酸と余韻の長さが印象的。

 スペシャリテ
生ハムとサラミの盛り合わせ
3年熟成のプロシュットクルード、パンチェッタ、コッパ、サラミなど、5種類程度、日毎に違う、自家製加工肉が楽しめる。

デザート
季節や、お客様の希望等に合わせて毎日違うドルチェを御用意しております。

Tsugane La Montagne

勾当台公園駅 仙台市地下鉄南北線 徒歩5分
バトン
BATONS
宮城県仙台市青葉区上杉 1-7-7 1F　022-796-0477　sendai-batons.tumblr.com
12:00 〜 16:00（15:00 LO）/ 18:00 〜 24:00（23:00 LO）　水曜日休（臨時休有）禁煙
予算：約 5,000 円

ヴァンナチュールで角打ち

　以前は「ノート」など3店をやっていた板垣卓也君が、今年オープンしたヴァンナチュールと惣菜のセレクトショップであり、ビストロだ。小売りも兼ねるのはパリのワインバーではよくあるスタイル。ひと瓶買って、お惣菜で飲む、角打ちがＶＮでできる。東北にはＶＮを買える拠点がなかったから、皆さん、おおいにご利用ください。板垣君は仙台でＶＮの旋風を巻き起こしたが、活動は仙台に留まらない。九州から北海道まで満月ワインバーのイベントも行っているし、3.11からの復興を願って企画したワイン「ヴァン・ド・みちのく」は全国で爆発的なヒットになった（びっくりするほど旨かった）。板垣君のリーダーシップと、人を動かすパワーにはいつも感銘を受ける。何かを見つけようとする、伝えようとする意欲が濃いんだね。この店も、それまでやっていた店は各店のシェフに譲って、自分が店頭に立つことにした。お客さんとおしゃべりしたいという気持ちの現れだ。同じく店の経営者とはいえ、私なんか、いつもひっそりしていますけどね。

 お店に訊いた。ウチではコレ

❶ Norapon Effervescent NV（ノラボン・エフェルヴェサン・ノンヴィンテージ）/
Nora-Kura（農楽蔵）
毎年収穫のタイミングで手伝いに行かせていただいている佐々木夫妻のワイン。造り手に惚れ込むというか。これからもずっと共に成長していきたい、と思える造り手です。
＋北海道産そば粉のクレープ「ガレット」

❷ Le Canon Rouge 2014（ル・カノン・ルージュ）/
La Grande Colline（ラ・グランド・コリーヌ）
私とヴァンナチュールの出会いになった大岡弘武さんのワインに。お店では定番中の定番です。気軽に1本テーブルに。
＋パテ・ド・カンパーニュ

❸ Cuvée 東北（キュヴェ トウホク）/
Puzlat-Bonhomme（ピュズラ＝ボノーム）
11年11月、ピュズラとボノームを訪ねました。そのとき2人が東日本大震災に被災した東北のために何か協力をしたいと申し出てくれました。そこで、もともとは「K.O」という名前のワインを、日本に輸入するものはすべて「東北」という名前にし、東北限定販売することに。東北はノックアウトされたな！という意味も込めて。毎年3月11日に発売。来年発売分のヴィンテージは12年です。
＋自然派野菜のロースト

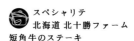 **スペシャリテ**
北海道 北十勝ファーム 短角牛のステーキ
1,400円（税抜）/100g
60日前後のドライエージングをしたランプ肉・イチボ肉・サーロインなど。300g〜の量り売りです。

デザート
手作りコンフィチュールのクレープ 500円（税抜）
もともとクレープリーを経営していたため、クレープ中心。

Norapon Effervescent NV

🚇+🚶 **大町西公園駅** 仙台市地下鉄東西線 徒歩5分

のんびり酒場ニコル
nicoru
宮城県仙台市青葉区大町2-11-1　022-263-1628　nicoru44.exblog.jp
17:00 〜 24:00 ごろ　月曜日休　禁煙
予算：4,000円

スジが通っている

　店主の伏谷淳一さんは、2003年にクロード・クルトワ（P002）の「ラシーヌ」を飲んでヴァンナチュールに目覚めたという。神亀、秋鹿、凱陣などこの店の日本酒のラインナップも、VNとスジが通っている感じがする。酒のよさを体で感じとる能力があるのだろう、伏谷さん。燗のつけ方も素晴らしい。あっ、これはワインの本でしたね。

　つまみもいいぞ。完熟もも、イカキムチ、ホヤ、鯵なめろう。やることなすこと、みんな旨い。ご両親が牡蠣の養殖や養豚をしていたりして、親戚一同から食材が手に入ってしまうそうだ。地元のものしか使わないというのは、羨ましいし、嬉しいことだ。

　店がまえはなんだか懐かしい。でも隅々まできれいにしている。「のんびり酒場」とはよく言った。店にいると、食べるものも、飲むお酒も、おいしくなるまでのんびり待とう、という気持ちになってくる。そういう店って、成熟していると思うなあ。

 お店に訊いた。ウチではコレ
❶ Racine 2003（ラシーヌ）/
Les Cailloux du Paradis
（レ・カイユ・デュ・パラディ）
人生を変えられてしまった一本。初めてワインの中にある、
人と風土を妄想させてもらいました。
+豆腐などを使った穏やかな料理
❷ Evidence 2000（エヴィダンス）/
Les Cailloux du Paradis（レ・カイユ・デュ・パラディ）
飲むと穏やかに眠くなります。死んだらこのワインで唇を
濡らしていただきたい。食後などにじっくりとワインの力
を感じたい。
❸ Le Canon Chardonnay 2012（ル・カノン・シャルドネ）
/ La Grande Colline（ラ・グランド・コリーヌ）
いつ飲んでも新たな発見があります。このワインがあると、
みんなが笑顔になる魔法のお酒です。
+牡蠣鍋
❹ NORA Rouge Zero 2013（ノラ・ルージュ・ゼロ）/
Nora-Kura（農楽蔵）
海産物や味噌と自然に合わせられるワインです。函館のあ
たたかみとクリーンさを感じます。
+塩辛やなれ鮨など伝統の発酵食

 スペシャリテ
朝獲れ生カキ 200円、
究極のカキフライ 980円
東松島にて親族が心を込めて
育てた朝採れ牡蠣です。秋〜
春までご準備しております。
本当の牡蠣の味わいを感じて
ください。

デザート
和三盆糖 280円

Racine

🚌＋🚋 尾張一宮駅 JR東海道本線 タクシー7分

ゴッチャポント

GOCCIA PONTO
愛知県一宮市森本2-15-6　0586-23-2392　http://gcpt.exblog.jp
11:30〜15:00 / 18:00〜23:00　月曜日休　禁煙
予算：約7,000〜10,000円

地のもの、旬のもの＝ヴァンナチュール

　名古屋の一宮で、住宅地ともいえない郊外にぽつんとある一軒家。でもタクシーは知っていて、尾張一宮駅から「ゴッチャポント」と言えば、ちゃんと連れて行ってくれる。名古屋市内、いや東京を含めて、ここまでの店はなかなかありませんぞ。ワインの品揃えも、料理も、コストパフォーマンスも。ご夫婦の真摯な姿勢が、店に溢れている。地元の食材を使った料理も、センスがよくて、旨い。このあたりでは、季節には猪も獲れるとか。地のものを旬に味わうのは、まさにヴァンナチュールの考え方とも通じるわけだ。あるがままの土地や気候や、生きていることを喜び、祝う気持ちだね。もちろんVNを知らないお客さんも、自然に愉しめるはず。まあ、たまに紹興酒のような色のワインで「攻めてるナ」と思うこともあるけれど、そもそも好きなワインだけを置いているわけだからね。店主の小城一人さんの顔には、ポリシーを曲げないぞ、と書いてある。でも穏やかな、賑やかなのにどこか静かな店です。

 お店に訊いた。ウチではコレ
❶ Vitovska Origine 2009（ヴィトフスカ・オリージネ）/
Vodopivec（ヴォドピーヴェッツ）
ヴォドピーヴェッツの個性が詰まっている。ワインと合わせるのが難しい魚介類の内臓や魚卵、貝類との相性が抜群に良いと思います。猟期にはジビエのお料理にも寄り添ってくれる、なんとも素敵なワインです。
＋尾鷲から届いたあわびのリゾット・肝のソースと一緒に。
❷ Ronchetto 1993（ロンケット）/
Barbacarlo（バルバカルロ）
若くても熟成してもその時々の個性を感じさせてくれる。抜栓したときの腐葉土のような香りは森そのもの、やはり土に近い食材との相性がとても良いです。
＋シンプルに国産の天然キノコを楽しむ手打ちのタリアテッレ
❸ Nove Cento 2004（ノヴェ・チエント）/
Podere Il Santo（ポデーレ・イル・サント）
半自給自足、循環型の有機農業を実践するエウジェーニオ・バルビエリが作る。味わいに密度があるのになぜかスルスル飲み進んでしまいます。彼が夢みる「かつてあった美しき農民生活」が感じられるワインです。
＋国産 仔羊のグリル、身と脂に旨味が感じられる国産の豚肉

 スペシャリテ
——

🍽 デザート
焼きチョコケーキ、柑橘のブッティーノ（プリン）、カッサータ、カモミール風味のパンナコッタ、焼きチーズケーキ 各600円（税抜）など。

Vitovska Origine

ドゥ・コション

Deux cochons
京都市中京区新町通蛸薬師下る百足屋町372-3　075-241-6255
18:00～24:00　火曜日休　禁煙
予算：8,000円

路地に灯りが見えると嬉しくなる

　すべてがアナログな感じが、ドゥ・コションにしかない雰囲気だ。京都に行くとあちこちハシゴするから、この店には20分しかいられないときもあるけれど、それでも気持ちが落ち着く。こんな表現で合っているかわからないけれど、この店には金属を連想させるものがないんだな。パテやリエットなど王道のメニューがあって、ワインもいつも安心して飲める。

　店主は、アナログ盤のレコードを心地いい音でかけていて、余計なことはしゃべらない。突出した何かがあるというより、店にまとまりがある。近所にあったら嬉しいけれど、京都という町並みの中でこそ、すべてが揃っているのでしょう。歴史の先端として研ぎ澄まされてここにある、というような。ここのペース、空気を乱しちゃいけないな、と思ったりする。

　古い家屋に瓦のひさし、ガラスの引き戸で、外から見ても格好がいい店だ。通り過ぎそうになるほど、街に馴染んでいるともいえる。喧騒を離れた路地に、灯りがぽっと現われると、いつでも嬉しくなる。

　お店に訊いた。ウチではコレ

❶ Un pas de côté（アン・パ・デ・コテ）/
Le temps des cerises（ル・トン・デ・スリーズ）
果実味たっぷり。ずっと変わらないスタンスが素敵です。年々魅力が増してきて、どんどん好きになる生産者。
＋塩漬豚肉の煮込み

❷ Le Canon Rouge（ル・カノン・ルージュ）/
La Grande Colline（ラ・グランド・コリーヌ）
ワインがブドウから造られていることをストレートに感じられるワイン。少し発泡があり、軽快に飲み進む。うちのお客さんの心を最も掴むワインでもあります。
＋パテ・ド・カンパーニュ

❸ P'tit Chardonnay（プティ・シャルドネ）/
Les vigneaux（レ・ヴィニョー）
とても素直な味わい。この価格で飲めるのは、非常にありがたい。他のどのキュヴェもおいしい。
＋サーモンマリネ

❹ Originel（オリジネル）/
Le Clos de la Bruyère（ル・クロ・ド・ラ・ブリュイエール）
凝縮したエネルギーを感じながら、同時にふっと力を抜いてリラックスできる味わい。キラキラときれいな結晶のよう。造り手ジュリアン・クルトワの個性あるワイン、どれも素晴らしい。
＋仔羊のロースト

　スペシャリテ
シャルキュトリーの盛り合わせ 2,200円
どのワインにもオールマイティーに合わせられます。この一皿を囲んで皆でワイワイ楽しく飲んでもらえれば。

デザート
クリームブリュレ・ラム酒風味、季節のフルーツの焼タルト 各600円

Un pas de côté

ル・キャトーズィエム
le 14e

神宮丸太町駅 京阪鴨東線 徒歩5分

京都府京都市上京区伊勢屋町393-3 ボガンビル2F　075-231-7009
12:00〜13:30 LO / 18:00〜22:00 LO（土日祝16:00〜22:00 LO、昼営業なし）
水・木曜日休　禁煙　予算：7,000円

こんなシェフなかなかいない

　オーナーシェフの茂野眞君こと茂ちゃんは、パリ14区の元肉屋の職人が経営するビストロで働いていた。牛一頭をさばくところから1日が始まる店で、ステーキフリットとタルタルが絶品。帰国後は、シェフとして「祥瑞」（P042）の一時代を築いてくれた。独立して開いたのが、この店だ。

　茂ちゃんのようなシェフはなかなかいない。肉をバーンと切って、ボカンと皿に乗せる。ちょっとはみ出るけど、なんだかかっこいい。生ハムをパッと切ってパッと出す。揚げただけのじゃがいもが、えもいわれぬ旨さ。茂ちゃんは音楽も自転車も好きで、ワインもすごく飲んでいて、たぶん体でいろいろなことを憶えている。レアな音源のソウルミュージックがかかって、ファルセットヴォイスが赤身の肉と響き合って、肉々しいというか、セクシーというか。パリで修行した料理人も、パリを真似た店も多いけれど、茂ちゃんみたいに、文化が勝手に背中にのっかっているようなヤツはいないし、そんなヤツが造った店で飲める幸福も、なかなか味わえない。

 お店に訊いた。ウチではコレ
合わせたい料理は、そのときに思い浮かんだ、食べてみたいものでよいと思います。

❶ Villa Pacina 2011（ヴィッラ・パーチナ）/
Pacina（パーチナ）
果実味がしっかりあり、キメが細かく甘みもしっかりある。

❷ Promise 2003（プロミス）/
Domaine Fontedicto（ドメーヌ・フォントディクト）
熟成感もあり、エレガントな味わい

❸ Beaujolais Villages Blanc 2014（ボージョレ・ヴィラージュ・ブラン）/
Laurence et Rémi Dufaitre（ローレンス・エ・レミ・デュフェイトル）
旨みもしっかりしています。グイグイ飲み進む味わい。

❹ Le Canon Chardonnay（ル・カノン・シャルドネ）/
La Grande Colline（ラ・グランド・コリーヌ）
力強くエネルギーに満ちた味わい。

❺ Rosso da tavola 2014（ロッソ・ダ・ターヴォラ）/
Collecapretta（コッレカプレッタ）
食中のワインとして最高！スルスル入ってきます。

 スペシャリテ
近江牛（木下牧場）ステーキ
2,000〜2,400円/100g

 デザート
——

Villa Pacina

🚉+🚶 渡辺橋駅 京阪中之島線 徒歩2分

お好み焼パセミヤ

Pasania
大阪府大阪市北区中之島3-3-23 ダイビル3階　06-6225-7464　www.pasania.osaka
19:00〜23:00　火曜日休　禁煙
予算：8,000〜10,000円

珍しいから流行る、のではない

「お好み焼きでワインをね」ってことになると真っ先に浮かぶのはパセミヤさんだ。大阪は私にはアウェーだけど、それを感じさせない店で、いつも楽しませていただいています。

お店を営む中川姉弟はお互いの役割と持ち味を十分にご自覚されてるように見てとれる。阿吽の呼吸は見事だし、接客は実に痛快きわまりないのだ。フランスやイタリアの生産者がパセミヤに来るととても喜ぶという話をよく聞く。それはお好み焼きが珍しくておいしい、そして楽しいから、そう思われるのは当然なのかもしれないけれど、お二方の人間性とナチュラルな笑顔に勝るものなしだと思いまっせ。

そこらへんのお好み焼き屋さんとは訳が違うってのは、周知の事実ですが、いかした大人が、お好み焼きとヴァンナチュールの官能の渦の中でのたうちまわってる店なんて、そうそうない。中川姉弟マジックにはまってみるのも一興だね。

　お店に訊いた。ウチではコレ
❶ Entre Deux Bleus（アントル・ドゥ・ブルー）/
Domaine des Miroirs（ドメーヌ・デ・ミロワール）
アルザスのジュラール・シュレールの元で働いていた鏡健二郎さんが2011年にジュラでおこしたドメーヌ。酸化熟成させないサヴァニャンで、ひたすらナチュラルな味わい。
+地鶏とキノコいろいろのプランチャ

❷ Kurisawa Blanc（クリサワ・ブラン）/
Nakazawa Vineyard（ナカザワ・ヴィンヤード）
北海道岩見沢市栗沢町で中澤一行さんが栽培するブドウを、同地の10R（トアール）ワイナリーで醸造。多品種混合で、香りの複雑さと澄み切った透明感をあわせもつ。
+じゃがいものブリニー

❸ Britannia Creek（ブリタニア・クリーク）/
Patrick Sullivan（パトリック・サリヴァン）
オーストラリアのオレンジワイン。ソーヴィニョン・ブラン、シャルドネ、セミヨンの混醸。瑞々しく滋味深い味わい。
+殻付きホタテのプランチャ

❹ Fleurie-Vieille Vignes（フルーリー ヴィエイユ・ヴィーニュ）/ Yvon Metras（イヴォン・メトラ）
ボージョレー地区フルーリー村で樹齢の高いガメイで造られたワイン。果実味ののびやかさと馥郁とした余韻でガメイのすばらしさを教えてくれます。
+お好み焼き

🍴 スペシャリテ
なにわ黒牛のすじとネギ入りのお好み焼き 1,880円
じっくり時間をかけて煮込んだ大阪産の「なにわ黒牛」の牛すじと青ネギ入りのお好み焼き。醤油、塩、ポン酢でお召し上がりください！

🍰 デザート
パティスリー・ラヴィルリエさんの季節のアイス
コース（4,200円）の最後に。

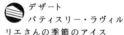

Entre Deux Bleus

🚍 + 🚶 塚口駅 阪急神戸線・伊丹線 徒歩8分

ナジャ

Nadja
兵庫県尼崎市南塚口町 8-8-25　06-6422-3257　winenadja.exblog.jp
19:00台〜2:00　火曜日・満月の夜定休　禁煙（表に喫煙スペース有）
予算：約8,000円

孤高の輝き

　ナジャは別格。孤高の輝きのある店だ。ナジャだったら、誰もが納得する。兵庫県尼崎市の、繁華街でもない場所にある佇まいは素敵で、おそろしいワインがいっぱいある。ヴァンナチュールばかりでなく、いい造り手の、90年代頃の面白いワインがあって、実は私も狙っているのだ。

　店主の米沢伸介さんはホテル出身のソムリエで、VNの世界にも多くの人材を輩出している。高級なフレンチもディープなホルモン屋も似合ってしまう不思議な人だ。アングラな文化をカバーする深さもある。かける音楽も「おおっ」と思わせる。

　たとえばカウンターに座ると、米沢さんは、いきなり話しかけてきたりはしない。独特のアプローチで、言葉は多くないのに、ぽつぽつと味のあることを言う。ものやひとに対する心眼、美学があるんだな。そして、人間が好きなんだと思う。米沢さんが長く続けてきたから、「ナジャ」は特別な存在になったのだ。

 お店に訊いた。ウチではコレ

❶ Murishinaide（ムリシナイデ）/ Jauma（ヤウマ）
オーストラリアナチュラルのうっとりオレンジワイン。オージーナチュラルワインの中ではハイコスパ！
＋柿のススカイ

❷ Mtsvane（ムツヴァネ）/ Nikoloz Antadze（ニコロズ・アンターゼ）
ジョージア（グルジア）の気鋭の造り手。8000年の歴史の地中甕造りミネラリィワイン。
＋地元武庫平野の地イタリア野菜のアテ

❸ Abreuvez ses sillons（アブルヴェ・セ・ション）/ Daniel Sage（ダニエル・サージュ）
まさに今、ナチュラルワインが勃興する土地、フランス・アルデッシュのインダストリアルミュージックをこなく愛する（？）、携帯電話を持たない山奥生産者。
＋秋刀魚無花果

❹ La Barla 1996（ラ・バルラ）/ Case Corini（カーゼ・コリーニ）
バルベーラ最高の造り手の最高ヴィンテージ。無施肥に咽び泣く凝縮大地の味。
＋金華豚のワンダフルソース焼きそば風パスタ

 スペシャリテ
国産ウナギのクスクスノワール 2,200円（税抜）
真っ黒い闇鍋状態のクスクスです。世界中探しても塚口にしかありまへん。

 デザート
プラムのフランボワーズ風味、柿のススカイ 各500円（税抜）

Murishinaide

ヴァンナチュールが買えるお店

円山屋今村昇平商店
北海道札幌市西区山の手2条1-1-5
011-633-0808
12:00〜18:00　日曜・祝日休
2016年1月リニューアルオープン予定

ヤマキ越前屋商店
北海道函館市万代町16-25
0138-41-0071
月〜土10:00〜20:30（日14:00〜19:00）
正月3が日休

バトン
宮城県仙台市青葉区上杉1-7-7
022-796-0477
12:00〜23:00　水曜日休

古川クラ酒店
福島県いわき市植田町中央1-1-15
0246-63-3362
10:00〜21:00　日曜日休

ダ・ダダ
茨城県つくば市西平塚334-1
029-858-0888
13:00〜23:00　月曜・第2・第4火曜休

葡萄酒蔵ゆはら
茨城県つくば市松代2-10-9
029-875-6488
15:00〜19:00　日曜・祝日休

山仁酒店
栃木県宇都宮市川田町890-2
028-633-4821
9:00〜18:30（日曜は電話のみ対応可）
元日休

ワインショップ・グルナッシュ
千葉県白井市堀込1-1-34 パレット白井102
047-401-7540
12:00〜20:00 / 土日〜19:00
月曜休

(有)志村酒店
埼玉県春日部市備後東2-15-30
048-735-3044
10:00〜20:00　日曜日休

ショップ フェスティヴァン
(shop FESTIVIN)
東京都新宿区新宿3-14-1 伊勢丹新宿店
本館B2F＝ビューティーアポセカリー
03-3352-1111（大代表）
10:30〜20:00（テイスティングは14:00
〜19:00）不定休

トロワザムール (3amours)
東京都渋谷区恵比寿西1-15-9 DAIYUビル
1F・B1F
03-5459-4333
12:00〜21:00 / 土日祝〜20:00
火曜日休

ワインストア (THE WINE STORE)
東京都目黒区中目黒3-5-2
03-6451-2218
15:00〜21:00 /
土日祝13:00〜19:00　不定休

ワインショップ・ジャジャ (JAJA)
東京都新宿区矢来町82 玉森ビル1F
03-5946-8771
12:30〜15:30 / 17:00〜22:00
（日祝12:30〜20:30）火・水曜日休

銀座カーヴ・フジキ
東京都中央区銀座4-7-12 三越新館1F
03-6228-6111
11:00〜20:00　年中無休（元日を除く）

藤小西
東京都中野区中央2-2-9
03-3365-2244
11:00〜23:00（日〜20:00）　年始休

(有) 森田屋商店
東京都大田区東六郷2-9-12
03-3731-2046
11:00〜21:00　日曜日休
（日〜月が連休の場合、月曜もお休み）

リカーズのだや
東京都文京区千駄木3-45-8
03-3821-2664
10:00〜20:00　水曜日休

リカーランドなかます
東京都世田谷区梅丘 1-23-7
03-3420-5506
12:00 〜 22:00　木曜日休

リカーMORISAWA
東京都多摩市東寺方 563
042-374-3880
9:00 〜 19:00　日曜日休

エスポアしんかわ
神奈川県横浜市青葉区榎が丘 13-10
045-981-0554
10:00 〜 22:00　水曜日休

ワイン＆リカーズ ロックス・オフ
神奈川県藤沢市鵠沼石上 2-11-16
0466-24-0745
11:00 〜 20:00（金土は 22:00 まで）
月曜日休

ワインショップ・クラ印(じるし)
石川県野々市市粟田 2-76
076-256-3796
11:00 〜 20:00　木曜・第 2 水曜日休

PESHICO
愛知県名古屋市名東区照が丘 21 TM21 1F
052-777-5778
10:00 〜 20:00　月曜日休

わいん商アン・ベロ
愛知県名古屋市緑区有松 2624
052-621-0027
月火木 12:00 〜 18:00
（金土〜 23:00 / 日 13:00 〜 18:00）

地酒とワイン 森田屋
愛知県豊橋市東脇 3-1-17
0532-31-6556
11:00 〜 20:00　月曜日休

アール・ザ・ワインショップ
(R the wine shop)
兵庫県神戸市東灘区岡本 3-9-35-109
078-200-6300
12:00 〜 21:00 / 日〜 19:00　月曜日休

ワインショップ エーテルヴァイン
京都府京都市左京区岡崎最勝寺町 2-8
075-761-6577
11:00 〜 20:00　月曜日休

ワインショップ FUJIMARU
大阪府大阪市中央区日本橋 2-15-13
06-6643-2330
12:30 〜 21:00　火曜日休

自然派ワインのお店 プレヴナン
岡山県岡山市北区本町 8-15 本町プラザ 1F
086-226-8341
火 〜 木 11:00 〜 20:00 / 金土〜 22:00 /
日 16:00 〜 19:00　月曜日休

hanawine
広島県広島市中区上八丁堀 4-28
082-222-6687
12:00 〜 22:00　日曜・祝日休

とどろき酒店
福岡県福岡市博多区三筑 2 丁目 2-31
092-571-6304
10:00 〜 19:00 / 日祝 18:00　月曜日休

ヴァンナード (Vin Nerd)
福岡県福岡市中央区大名 2-2-6
0120-748-890 / 092-732-1033
10:00 〜 20:00　1 月 1 日・2 日休

古武士屋
福岡県北九州市小倉北区熊本 1-1-3
093-923-5555
10:00 〜 19:00
日曜と月曜の連休・盆・正月休

WINO
宮崎県宮崎市大橋 1-164 yb3
0985-24-5577
11:00 〜 20:00 / 日祝〜 19:30
水曜日休

この本にご協力いただいたみなさまへ

　面倒くさい事案に、快くご協力くださいましてまことにありがとうございました。
　マルセル・ラピエールのワインが日本に来て25年たちました。日本は、世界でいちはやく、広くヴァンナチュールを受け入れた国です。今、このようにＶＮの市場が活発になり、品切れ必至の銘柄が目白押し状態になりました。一ＶＮラヴァーとして、ここまで不断の努力を続けたインポーターの方々には頭が上がりません。
　それに応えて、我々飲食店も、そのよさを伝えていかなければならないと思います。これからもＶＮがますます盛り上がりますように。
　また、どこかの酒場でお会いしましょう。

勝山晋作　２０１５年１１月１４日

ヴァンナチュール

自然ワインが飲める店51
勝山晋作
発行日　2015年11月28日初版第1刷発行

企画：秋山道男
写真：菊地和男（ボトル写真以外すべて）
一部構成：寺田伸子
アートディレクション・デザイン：鈴木 誠
デザイン：佐伯貴恵（トリプレクス）
編集：加藤 基
協力：(株)いろはわいん、(有)ヴァンクゥール、(株)ヴィナイオータ、(有)ヴォルテックス、(株)エスポア、(株)Cuore Coeur（クオーレクール）、(株)岸本、ディオニー(株)、野村ユニソン(株)、BMO(株)、(株)ラシーヌ、(株)ラフィネ、ル・ヴァン・ナチュール(株)、ワインダイヤモンズ(株)、ナカザワヴィンヤード、農楽蔵、BEAU PAYSAGE、松尾 大、中濱潤子

P002～033は「小説すばる」（集英社）2001年1～9月号に掲載された連載「佛蘭西葡萄酒（フランスワイン）名匠狂匠列伝（勝山晋作・著、菊地和男・写真）」の取材を元にしています。P037と表紙もそのときの写真です。

発行者：孫 家邦
発行所：株式会社リトルモア
〒151-0051 渋谷区千駄ヶ谷3-56-6　Tel.03-3401-1042 Fax.03-3401-1052

印刷・製本所：図書印刷株式会社

乱丁・落丁本は送料小社負担にてお取り換えいたします。
本書の無断複写・複製・引用を禁じます。

© Shinsaku Katsuyama / Little More 2015
ISBN978-4-89815-425-0 C0077　　　　　　　　　　http://www.littlemore.co.jp